镜与灯人文译丛

阅读危机

在文学中认识自我和世界

The Risk of Reading

How Literature Helps Us to Understand Ourselves and the World

[美] 罗伯特·P. 韦克斯勒 著

李睿智 吴文智 译

江苏凤凰教育出版社
Phoenix Education Publishing, Ltd

图书在版编目(CIP)数据

阅读危机/(美)韦克斯勒著;吴文智译. --南京:江苏凤凰教育出版社,2016.1

(镜与灯人文译丛)

ISBN 978-7-5499-5611-1

Ⅰ.①阅… Ⅱ.①韦… ②吴… Ⅲ.①阅读倾向—研究 Ⅳ.①G252

中国版本图书馆 CIP 数据核字(2016)第 022433 号

主编的话

作为一个外国文学翻译者与研究者，有太多的机会接触大量外国文化，并深深为世界各民族文化的缤纷多彩、丰富浩荡所折服。在这世界文化丰富多彩的浩浩荡荡中，各民族文化的独特性与多元化彼此交融、互相渗透，并在此过程中不断发展着和变化着。这种发展与变化又进一步促发了各民族文化之间的激荡、交流、碰撞、吸收、借鉴、扬弃、融合与改造，进一步催发出更加无愧于时代和人民的优秀文化作品，使得各民族文化在不断丰富自己内涵的同时，也丰富着全人类的文化宝库，使之日新月异，从而推动了人类社会的不断向前、不断发展。

在这样一种浩浩荡荡的交融与发展中，无论是个体，还是群体，任何把自己禁锢、封存、隔绝起来，意欲独善其身的做法与想法，无疑都是愚昧的、不可取的。只有置身其中，勇敢面对，从这种交融与碰撞中博采众长，吸取自己发展所需要的营养才是正确选择。问题是，面对这样丰富多彩、浩浩荡荡的海一样的文化大潮，如何更加方便和自如地去选择我们自己的需要，并不是那么容易做到的事情。毕竟，就大多数人来说，直接阅读国外文化作品，依然要受诸多条件，特别是语言障碍的限制与影响。因此，不断推荐、翻译与出版更多的优秀国外文化作品给我们的大众，正是我们翻译工作者与文化出版人责无旁贷的职责。这套由江苏省翻译协会与江苏凤凰教育出版社联手打造的《镜与灯人文译丛》，就是肩负着这样的职责，来为我们新时期的民族文化创新与未来文化发展战略服务的。

《镜与灯人文译丛》取名于美国文学理论家艾布拉姆斯的著作《镜与灯》。镜者，映像其中，意在反映外在事物；灯者，明示外物，意在指示外物的发展变化。《文丛》之所以取名于此，一者表达入选著述皆为对外在现实或精神世界的心灵映照，一者意为入选著作可提供理论上或思想上的指引。

综观世界各民族文化，不论是古代的，还是现代的，也不论是东方的，还是西方的，一切文化思想的形成，都是人类智慧的结晶，都是人类文明发展的象征。研究借鉴世界各民族文化，对于光大人类文明，开拓智慧领地，扫除愚昧落后，振兴本民族文化，无疑具有重要意义。人们只有用人类创造的一切知识来丰富自己的头脑，才能成为无坚不摧的力量驾驭者。对于国外文化中的科学理性精神、现代人文精神与人道主义、近代民主政治与法制思想、现代市场经济理论、西方现代理论、可持续发展的思想和战略等，我们要以充分的民族文化自信，敢于敞开胸怀，大胆接纳，在激荡中学习借鉴，在碰撞中扬弃升华，在交融中丰富发展。我们完全有能力坚持“以我为主、为我所用”的原则，博采各种优秀文化之长，向世界展示中国现代文化建设的成就。我们也完全有能力把我们的民族文化建设成符合时代要求的、代表人类文化发展最高水平的社会主义现代化文化。这，就是我们中华民族的文化自信。

《镜与灯人文译丛》译介西方优秀、积极的社会学、心理学、哲学或跨学科的著作，旨在反映当前国外理论界与学术界的优秀成果和研究方法。镜，鉴也，景也。借鉴国外精华思想，领略国外学术风骚，是出版的重要使命。灯，光也，明也。引入国外优秀学术成就，照亮未来学术之路，亦是出版的重要责任。江苏凤凰教育出版社秉承多年专业出版的理念，积极探索学术领域的发展和进步，举大教育概念，行大教育事业，始终致力于开发教育学术领域的先进思想，展示人文领域的先进成就。

《镜与灯人文译丛》的引进出版得到了江苏省翻译界各位专家学者的全力支持和有益指导，相信本《文丛》的出版必定会给我们的文化界与学术界带来不凡的亮点。

长江学者，南京大学教授、博士生导师

中国翻译协会常务副会长

2014.9.19 于南京

目录

主编的话 …… 001

致谢 …… 001

1 故事与生活 …… 001

2 创世故事 …… 014

3 弗兰肯斯坦 …… 031

4 爱丽丝梦游仙境 …… 051

5 黑暗的心 …… 063

6 老人与海 …… 084

7 麦田里的守望者 …… 095

8 飞越疯人院 …… 119

9 搏击俱乐部 …… 132

10 终结的感觉 …… 147

11 语言叙事的未来 …… 170

参考文献 …… 182

译后记 …… 186

致　谢

我将这本书献给我的妻子琳达、我的儿子杰里米和乔纳森，感谢他们一直以来的陪伴。特别要感谢杰里米，他时常阅读我的手稿，也总不乏赞美之辞。

感谢这些年来，在麻省大学达特茅斯校区光顾过我课堂的、成千上万的同学们。正因为他们，我对文学越发热爱，理解也越发深刻。同样，我还要感谢“文学改变生活”项目的参与者们[①]，他们在研讨会上发表的见解和充满激情的讨论总能带来欢乐和惊喜。

还要感谢大卫·萨利斯、卡尔·希纳西、吉姆·马洛、大卫·谢尔曼、霍华德·森泽尔、大卫·贝克曼和吉姆·倪，在我创作的过程中，他们一直支持着我。他们的建议(往往十分中肯)和鼓励(始终如一)对我而言万分珍贵。

布鲁姆斯伯里出版社的哈里斯·纳克维是负责本书的编辑，他为我的项目指明了方向并提供了指导。感谢他的付出和慷慨，我受益匪浅。

同样要感谢休·考林，他设计的封面成功抓住了本书所要表达的一个重点；还有麻省大学达特茅斯校区图书馆的佩奇·吉布斯，他对学术和阅读工作做出了贡献，是值得我们所有人学习的榜样。

感谢苏·德默斯，是她为我录入了手稿。还要感谢马克·安东尼·刘易斯、斯隆·皮瓦和卡桑德拉·奎伦，感谢他们协助检索资料并提出建议。

---

① 该项目的参与者包括法官、缓刑监督官和缓刑犯。

同样要感谢丹尼斯·格林、汤姆·达根、苏珊·纽曼、米奇·洛文斯顿、艾德丽安及乔尔·罗森布拉特、理查德·拉尚、威廉·内勒斯、鲍勃·葛姆雷、拉斐尔·坎特、杰里·布莱特菲尔德、杰里·韦克斯勒和温迪·罗伯逊。他们是我的朋友和同事,他们提出的建议对我帮助良多。

本书第一章的上一版本刊载于《艺术与人文》期刊 2012 年第 1 卷第 2 期[①],第八章的上一版本刊载于《大众文化》期刊 1995 年第 29 卷第 3 期[②]。

---

① *Journal of Arts and Humanities*, Vol. 1, No. 2 (2012).

② *Journal of Popular Culture*, Vol. 29, No. 3 (1995).

1 故事与生活

在这个数字化时代，过去的印刷文化正在转变成视频文化——既然如此，为什么我们还要关心文学？我们不仅正在逐渐失去对故事的兴趣，更重要的是我们正日渐忽视语言叙事的重要性——这二者是有所区别的。打造数字化变革的技术并不看重语言，而只热衷于不断打破种种限制，崇尚的唯有高速和享乐。这个时代看重视觉而非语言，人们更愿意关心屏幕中的画面而非书本上的文字。如此一来，我们同自我或是与他人之间的联系变得不再深厚；换言之，我们的“阅读式大脑”正逐渐转变为“数字式大脑”(Wolf, 4)——“阅读式大脑”帮助我们进行深度阅读和思考，而“数字式大脑”则令我们沉迷于肤浅的感官享受。人类是“语言生物”，但如今我们正在背离这一身份。

1994 年，斯文 · 伯克茨(Sven Birkerts)创造了“深度阅读”这一概念，并作了定义：“我们可以掌控阅读，使之适应我们的需求和节奏；我们可以不受束缚地进行联想——我将这称为‘深度阅读’，也就是缓慢深入的阅读。进行深度阅读时，我们不单单是在阅读文字，同时也是在想象中体验它们创造出的世界。”(Birkerts, 146)伯克茨认为，从印刷时代到数字化时代的这一转变正在扁平化“人”的身份。不仅如此，这一转变还削弱了我们对于复杂的、奇特的事物的理解能力，薄化了我们生命的厚度。

伯克茨指出，借助语言叙事描绘和构想生活是一种重要的方式，能够帮助我们认识未知的自我；通过语言叙事和文学我们能够最大限度地去接触和理解其中蕴含的隐性知识。随着深度阅读的不断进行，我们对自我的认识就越发深刻，也就越能把握自己在这个复杂世界中的身份和定位。伯克茨认为,深度阅读不同于欣赏电视节目或是其他“视频娱乐”,它并非教人逃离日常生活的种种,而是教人借助语言叙事来探求生活的意义。深度阅读是“危险”的,但也回报颇丰,它让我们得以直面和认识自身的韵律和需求、感觉和情绪。通过深度阅读,我们还能够认识建立在自身与他人或是与内在自我之间的联系。我们在他人富有想象力的叙述当中产生共鸣,仿佛是在体验自己的故事,尔后便会产生对未来生活的渴望。

电子影像似乎时常吸引我们单方面地去拥有或操纵它们,或是在某种程度上快速地消耗它们。我们同文学语言的关系则与此不同,更像是一种双方面的互动。文学语言有着丰富的质感,它能够激发我们的想象力,鼓励我们去探究、去质疑已有的设想,激励着我们去探寻复杂而神秘的人类经验。正如苏格拉底所说——答案都是暂时的,每一个答案总会引出另一个问题——文学语言同样如此。

雅克·拉康(Jacques Lacan)曾说:“语言的目的不是达意,而是唤起。”(Lacan, 63)倘若想要从他人那里获得对自我的解读,我们唯有借助语言,而非数字图像。同他人进行语言交流能够激励我们,也会使我们产生去了解他人与自身的渴望,拉康认为这就是人类欲望产生的沃土。他说:“总之,这是再明显不过的事实:人的欲望在他者的欲望里找到意义。”(Lacan, 31)

这种由语言交流产生的欲望的沃土造就了人们的生活,同时也将叙事同深度阅读串联了起来,而这二者间的联系正是这本书想要探究的。无论是叙事还是深度阅读,都与冒险有着共通之处——总在探索,总能激发欲望或思考,不断地揭示或是掩盖某些事,引导我们前进或后退——它们都能加深我们对于自身个性与共性的认识。

数年后,尼古拉斯·卡尔(Nicholas Carr, 2010)基于伯克茨的相关研究,在数字时代这一背景下拓充了“深度阅读”的含义。卡尔认为,我们生活的世界已然碎片化和扁平化(他称之为“浅滩”)。卡尔说:“网络吸引我们的同时也意味着它在分散我们的注意力。”(Carr, 118)因为我们使用网络(或是一些电子设备)的频率越高,就变得越容易分心,我们正在失去保持集中和专注的能力——正如卡尔所言,我们正在“学会”

遗忘。

如今数字文化已成为主流，它创造出了一种不同以往的时间感（欠缺“过去”和“未来”的“现实”感）和空间感（无论身处何地都能拥有相同的体验）。数字文化崇奉肤浅之物（“浅滩”）和数字影像（和商品一样被迅速消费），它正在掏空人类的内在。

同卡尔一样，保罗·维希留（Paul Virilio, 2010）也提出过类似的警告。维希留认为，（这个时代）世界中的种种限制正在被打破，这使我们本就有限的生命更难获得深刻的体验，也不利于我们同世界建立深厚的联系。维希留说：“整个世界同过去大相径庭……如今‘表现’（representations）变得不再适时。与此同时，‘表达’（presentation）变得更受追捧，这种‘表达’并不可取，因为它压缩时间，只为增加每一字节传导的信息量，同时还会压缩行为的广度和深度。”（Virilio, 6）

维希留认为，我们一直活在“现在”（没有“过去”也没有“未来”），如此想来，即便是眼下这一刻也变得不那么真切了。维希留还认为，当我们通过电子屏幕去感知世界，我们便会失去“内在意识”，即产生于我们自身体验的叙事感和历史感（Virilio, 6）。我们丧失了那些关于有机生命的隐性知识，以此为代价换来及时行乐，并沉迷其中。我们不愿经历缓慢而深入的发现过程，而选择化身为网络中的“数据节点”，同其他“数据节点”建立一种不堪一击的薄弱联系。

我们可以将这种无限停滞的“现在”称为“电子无意识”，以取代从前的“语言无意识”。这种体验既无深度亦无广度，同时也背离了人们从前拥有的时间感和空间感。当我们逐渐适应了这种“电子无意识”，便迷失在了网络打造的时间和空间中。在这一过程中，我们失去了人性中的共性部分，断开了同自我或同他人的联系——当我们走在路上，我们不再关心脚下的大地，而只关心手中的平板；当我们同他人谈话，我们不再关心他们的眼神，而只关心屏幕上的图像。长此以往，我们的灵魂仿佛脱离了肉体，徘徊在虚拟世界中。世界变得越发奇妙，我们却失去了探索起源和终局的兴趣。

数字时代渐渐打破了种种限制——虚幻与现实、原型和复制品、虚构的故事和日常的生活——在这一过程中，数字时代也将其崇奉的电子意识常态化，使之成为了不容置疑的主流。“在线”成为了美好生活的标杆——我们似乎时时刻刻都在与网络相连；我们开始相信衡量智慧的标准不是学识而是技术，无关知识的深度摄取而关乎短时技能的习得。

比特、字节、音频和图像为我们传递可供操作、消耗的信息和数据。然而操作它们的同时就意味着我们无法体验它们所构筑的世界（Virilio, 78）。如果我们希望认识自我，仅仅拥有这些数据或信息是远远不够的。沃尔特·本杰明（Walter Benjamin）曾说：“信息一旦过了‘新鲜’的时效便失去了价值和生命，所以它必须在这个时效内分秒必争地完成自己的传递使命。”（Benjamin, 90）信息传递加快了我们了解自身的过程，但与此同时，我们不再思考这样一个问题：“人是什么？”

虚拟现实技术之父杰伦·拉尼尔（Jaron Lanier）指出：“人类并非是一种依照某些公式创造出来的生命，而更像是一种过程——是（对生命本身的）探寻、解密或是对信仰的飞越。”（Lanier, 5）如今，大量的信息及由电子技术打造的庞大数据库，已经大大压缩了这一危险重重的追寻过程。然而信息交互是一种与语言交流迥异的过程，我们无法依靠它来激发自身的欲望；换言之，我们的欲望无法再“在他者的欲望里找到意义”。拉康也是这么认为的，他说：“如果现在我站在某人面前向他提问，没有一台电脑能够预测出我将得到的答案。”（Lacan, 63）

数字影像中不含有原创、新鲜的东西，难以产生惊喜，正如拉尼尔所说：“数字影像只能对现实进行有限的捕捉，因为它在这一过程早已丢失了原有事物的独特性。”（Lanier, 134）本书的中心论点之一便是语言（尤其是叙事性语言）能够帮助重建这些独特性。我们之所以关注这些独特性，是因为它们是我们之所以为“人”的基础。

本书认为，语言是我们认识内在自我和外在环境的途径；同时也是我们认知个性（个体自我）和共性（社会自我）、了解已知和发掘未知的绝佳途径。叙事性语言使我们能够通晓过去、展望未来。随着对文学叙事的深入，我们可能会遇到危险，但我们同样能够获得机会来挖掘自身与世界的未知的联系。语言是赋予独立个体的礼物，只要我们敢于尝试，我们就能依靠它去了解世界。就这一点而言，文学为那些敢于挑战之人提供了伦理上的支持。

汉斯-格奥尔格·伽达默尔(Hans-Georg Gadamer)是这样说的:“语言并非人的财产,但它的存在意味着人拥有一个世界……同样,语言也无法脱离它所产生的世界而独立存在。世界进入到语言之中便拥有了意义,反之,语言同样从它所呈现的世界中获得生命。”(Gadamer,401)人类是生存在这有限宇宙中的语言生物,是语言造就了我们,使我们成为“人”。我们对于自身和世界的了解有限,我们终有一死,故而无法理解天地间的终极奥秘。然而人类有义务去探寻真相,因为拥有了语言就意味着拥有了探求真相的能力。而文学语言依旧是了解那种真相的最佳途径,是它让我们拥有认识自我和世界的可能。

本书并非意在倡导摒弃移动设备或是视频文化,而是希望人们能够更多地关注文字而非图像,关注叙事而非碎片化的信息。本书旨在建立一种至关重要的非主流文化以保护(人与人之间的)对话性关系。如今,对文学叙事进行深度阅读是必要的,这将使我们的内在重建复杂性和矛盾性,也能使我们正视“语言生物”的价值——“语言生物”正是那些不断探求自身本质的芸芸众生——这一过程如苏格拉底所说,就是“认识你自己”。

获得人类知识是一个对我们自身和周遭世界进行持续探索的过程,它是我们生命的基调,有些复杂,也危险重重;在这过程中,我们可能心生畏惧,也可能沉醉其中。所有人生来就具备这样一种渴望,渴望去探求人的本质和秘密,那些伟大的作家们也无一例外。由语言塑造出的故事使我们得以理解人类内在的矛盾,这一过程在召唤着我们,而深度阅读就是我们作出的回应。从伦理上来看,文学将机会赋予了那些敢于冒险的人,使他们得以探究答案。

*

每每谈及语言叙事(由语言塑造的故事),我们总是会自相矛盾:借助故事,我们能使内在的自我为他人以及我们自身所理解,但在这种理解产生的同时,我们同自我也逐渐疏离。我们有时会将那些未被述诸故事的日常体验(那些无序而混乱的事件)称为“现实生活”,这种“现实生活”与我们以其为蓝本所叙述的故事总是不同的。这种不同太过显而易见，以至于我们有时会强调故事“纯属虚构”。但在这本书中，我要表达的观点是，所有故事或多或少都是“虚构”的，认识这一点对于我们而言是有所裨益的。

“现实生活”同故事之间存在的差异能够激发我们的渴望，渴望（在故事中）重塑自我以认识自身。因此为自己和他人讲故事是我们生命中重要的组成部分。

我们活着时，感官总在与世界互动。但当我们想要了解自身与世界的关系时，最佳的途径并非感官，而是语言。因为从某种意义上来说，是语言创造了这个世界和我们自身。正如拉康所说：“世界是由语言创造的，语言无所不在，赋予物质以具现的实质……”（Lacan, 39）我们用语言预写未来、描述历史并使之成为我们的一部分，如此，我们试图使“现实生活”具有连贯性。从这个意义上讲，语言的隐喻功能，尤其是叙事性语言的隐喻功能，就像是我们生来便被赋予的礼物，帮助我们理解现在、过去以及未来。语言叙事尤其能够帮助我们获得自身的意义，并能依照人类的需求改造世界。

语言叙事令读者得以体验其所蕴含的感性而复杂的联系，由此为我们创造出时间感和空间感。经过拓展的叙事要求我们放慢阅读的速度，去体会语言本身的深刻内涵，去感受语言带给我们的每一次心跳；同时还要求我们对语言进行反思和内化。这样的语言蕴含着有关过去和未来的描写，能够唤醒我们的记忆和欲望。借助语言的节奏和力度，叙事能够通过听觉和视觉这两方面来激发我们的想象；在这种情况下，文学叙事就具备了情感和概念上的意义，同时也能够对我们的肢体产生影响。文学叙事鼓励我们认识自我、进行思考，并由此产生共鸣。

然而必须要强调的是，文学叙事总是双向的。换句话说，我们与故事之间存在对话——一个故事在支持主流文化的同时，也在邀请我们对其提出质询；倘若我们在故事中找到了自己的影子，那么同时故事也会敦促我们对这一点进行思考；一个故事总是使我们感到既熟悉又陌生。因此，故事拥有的稳定性和连贯性都是暂时的。我们阅读和体验故事的同时，故事也在我们心中观察着我们。并且，我们在体验故事时总会产生各种各样的疑问，所以我们总在探究自身与故事之间的联系；

换句话说，故事不仅仅让我们认识到自身的独特性和个性，同时也让我们认识到自身与他人的联系，找到一处栖身之所。我们既是独立的个体亦是社会中的一员，借助语言叙事，我们便能理解这二者之间的矛盾。

语言还有什么样的功能，又是如何运作的呢？海德格尔(Heidegger)认为，语言，尤其是叙事性语言"是我们得以立足的基石"(Heidegger, 90)。莫里斯·布朗肖(Maurice Blanchot, 1999)则认为，语言在使我们立足的同时，也"将我们流放至荒野"。语言使我们窥得一处可能在其中安身立命、远离尘世喧嚣的乐土，但它总是不可触及，我们对它也总是知之甚少。这片乐土加深了我们对于现实世界的陌生感和不安感。语言使我们明白：人类有限的生命并不完整，它充斥着种种矛盾；即便我们想要努力使之完满，最终也只得无功而返。

语言叙事能够激发我们求知的渴望和想象——去了解生命的源头和归宿，或是去探究那些不可能掌控的秘密。正如迈克尔·伯克(Michael Burke)所说："我认为对文学作品的阅读达到某种程度时，心理意象就产生了。一部分原因是这对个体的本质和源头而言拥有根本上的意义。文学作品读者拥有的心理意象中所包含的种种似乎都离不开这三个基本问题：我们是谁？我们从何而来？去往何处？"(Burke, 58)文学叙事让我们得以探寻过往和未来，但不能对它们进行完完全全的清晰描绘，正如我们不能将自己的出生与死亡一一言明一样。

我们或可这样归纳文学叙事的重要性：

1. "现实生活"指的是种种几乎没有规律可循的事件，它们大多杂乱无章，会使我们产生焦虑，同时使我们明白死亡不可避免。我们有限的生命中总是充斥着这些恼人的事件，以至于我们无暇思及自身何所从来，又将归往何处。

2. 我们可以将这些没有规律可循的事件述诸故事。故事可以采取线性叙事(从生到死)，也可以采用回环形叙事或扩圈形叙事，以帮助我们更加深入地认识自我和世界。这种由语言的丰富质感所打造的体验，将带领我们从情感、肢体和概念等方面领悟人生的意义和目标。

3. 一个人的故事总会与他人的交织在一起，这使得人们能够获得归属感、创造人生意义并找到自己的定位。

4. 语言(尤其是叙事性语言)可能是人类获取目标和方向的至关重要的途径。借助文学叙事的丰富质感,人类认识到且尤为欣赏自身经验之中深刻而复杂的内涵,并学会自我反思。

5. 一个故事总会产生新的故事,这在深化阅读体验的同时,也会促使人们更加深入地认识自我。阅读和讨论故事同样能够加强人类社会的互动性和存在的意义。这一过程帮助人们重新认识自我,同时也在某种程度上展现了真实的民主。

由此,我们或许会认同一点,那就是人类经验唯有在已经语言描绘的世界中方能存在。克里斯汀·迪特里希·巴里斯(Kristen Dietrich Balisi)说过:"人类的语言不能创造生命,亦不能创造宇宙法则;但它能够孕育'语言生物'以及语法领域,在这一领域中所有法则都息息相关——这种由人类创造的客观实则是高于宇宙间的任何法则的。"(Kass, 78 - 79n)我们所认识的世界正是这样:人类是"语言生物",当人类借助通过语言和故事去认识这个世界时,它就成为了"人类的"世界并拥有了意义。

*

为了创造人生故事,我们置身于同自身或者他人的对话性关系之中(又或是自己的或他人的故事当中)。阿拉斯代尔·麦金太尔(Alasdair MacIntyre)曾说:"唯有当我弄清'我在哪一个或是哪些故事中'答案时,我才能知晓'我要做些什么'。"(MacIntyre, 216)我们需要将那些林林总总的生命体验述诸故事,同时也利用这些"虚构"的故事去续写我们的"现实生活"。

然而现在,有些人并无这般故事可讲。他们无法对自我产生信赖,故而无法为他人所依赖;他们活得浑浑噩噩,更不懂得自我反省;他们没有目标也没有方向,似乎永远活在"现在",没有"未来"——如行尸走肉一般。

作为人类,我们在道德上负有一种责任,这种责任要求我们去了解他人、倾听他们的故事,同时也讲述自己的故事。分享故事是为了满足人类的某种本能需要,尽管这种需要从未被完全满足,但它确乎是我们的义务。通过分享彼此的故事,我们得以了解他人的渴望。在这种语言环境中,我们会创造并进入被伊曼纽尔·利维纳斯(Emmanuel Levinas)称为"主体世界的曲处"当中(Levinas, 291)。在这一空间(或者说空隙)中,我们彼此暴露弱点,但同时也得以暂时逃离(空间外的)死亡的阴影。通过共享这样的空间,我们得以认识彼此的共性,同时也能认识自身的个性。就这样,分享故事成了一种表达关爱的途径,世界也由此变得更有"人情味"。在这一过程中,我们也得以认识自身的不足,彼此慰藉。

分享这些故事,我们不仅会对他人产生同情和共鸣,同时也能认识他人的与众不同之处——这就是为什么故事能够"感染"我们(托尔斯泰)、"塑造"我们(卡夫卡)并且给予我们"姓名和栖身之所"(莎士比亚)。这些故事带领我们去体验经其描画的未来,由此,我们得以带着全新的认识回归日常生活,获得新的可能。但它们同时也在提醒着我们:人类并不完满且处处受限,是如此脆弱且终有一死。故事使我们之间心生亲近,同时也展现着各自的独特之处。

诚如斯坦利·卡维尔(Stanley Cavel)所言,故事使我们暂时远离日常生活的林林总总,甚至能让我们重新关注自我。由此,我们得以认识自身的个性并摸索出新的方向,获得又一个崭新的开始。卡维尔说:"接受教育的第一步就是认识自己的个性和自我认知的不足,同时还要明白一些我们自认为必不可少的东西其实可有可无。"(Cavel, 55)故事的独特之处为我们创造了一个空间,当我们进入其中便能认识到自身的脆弱和不足;与此同时,故事会令我们对他人心生怜悯,渴望与之交往,还会鼓励我们继续认识自我的征程。

*

文学是危险的,因为它总能告诉我们许多事实——我们所拥有和欠缺的、我们所熟悉和感到陌生的,以及我们自身所处的位置。同时,文学还对我们产生了道德要求,就如阿诺德·温斯坦(Arnold Weinstein)所言:"文学使我们更加完满,同时也教我们如此去对待生命中的过客,不仅仅是在书本中,更是在现实世界中——这是一个伦理要求,是一个从自我外化到世界的过程。"(Weinstein, 6)文学教我们讲述自己的故事,同时也使我们明白他人(至少是可能)也拥有自己的故事。

温斯坦指出,语言是我们用以记录和规划自身庞杂情感和想象的最佳途径,而这些情感和想象正是我们最终的归宿(Weinstein, 6)。这归宿便是我们的“家”,对于我们这些身陷囹圄的“语言生物”那复杂的人性而言是一种有力的支撑。这个家同时也像是一个谜,如同一个紧缚的绳结,直至我们归于尘土方得完全解开。

人的生命是有限的,语言同样存在着界限,这种界限不禁让人联想到那些我们求而不得的奥秘。语言只引着我们来到那终极的奥秘近旁,便驻足不前。在人类社会中,语言会令我们对熟悉的事物产生陌生感,对陌生的事物产生熟悉感——这使得我们时而惊慌、时而动摇。然而,语言并不能带领我们突破界限,让我们直面死亡(或是上帝);语言或许能使我们一窥这神秘莫测的景象,但我们作为语言生物,却无法完全描绘这种体验,正如我们无法描绘自己的死亡一样。

在“现实生活”中,我们遭遇种种事件,它们通常没有规律可循,还伴随着混乱。但当我们作为故事讲述者穿梭其间,将它们表述出来,便能使它们的出现具有意义和必然性。这时,我们就像是个侦探,寻找蛛丝马迹以追根溯源;又像是个医生,依照症状查找病源;还像海德格尔,由死亡探知生命,从结局回溯开端。人类追寻关于“现实生活”的疑问,借助语言叙事揭露或掩藏经历。我们渴望获得“现实生活”之谜团的答案,而这答案只存在于故事当中。

尽管我们说的故事总有些遮遮掩掩、与事实不同,但它使我们避免完全暴露于终极之谜和关乎我们个性的谜团之下。同时,虚构的故事还邀我们重温历史、构想未来——故事就像这般指引我们向前或后退,将生活连贯了起来。无论其中的内容是否发生,故事所包含的都是人类生命的真相。一旦谜团完全解开,就意味着我们的生命走到了尽头。福柯(Foucault)说:“荒谬的是,正是生命掩盖了真相;而死亡则带着‘白色光辉’时刻潜伏在‘肉体黑箱’之中。”(Foucault, 166)

仅从人类身份来说,一旦故事消失了,我们的生命和死亡便都会失去意义。没有了故事,我们便无从理解生命中的种种矛盾;我们会不住地被不值一提的事物分散了注意力;我们将无法接受自身的不确定性和既定的死亡;我们将生活在无尽的假象之中。迈克尔·罗美尔(Michael Roemer)曾说:“倘若我们能够接受自身的不确定性,即便我们无法像信任我们的主一样相信它,故事也会重新变得可信起来,并恢复它一直以来所扮演的劝谏者的角色。我们所谓的‘虚构’意指我们难以面对的现实,而我们所谓的‘现实’则是某种虚构,使我们得见自身所想,同时不至跌入绝望的深渊。很可能正是归功于那些我们只有在‘虚构’中才得应对的现实与矛盾,我们的生活才产生了意义。”(Roehmer, 386)

于是,这便使我们产生了一种感觉:故事比我们想象得更为决绝。故事使我们明白它们是如此之毗邻——生与死、存在与虚无、个性与共性、虚构的故事和“现实生活”。我们能够从中感受到自己是何等强大,又何等脆弱。

文学特别为我们创造了一种界限,这种界限使得我们能够在偶然与必然之间来回切换(尽管这种界限并不十分清晰)。如格雷戈里·乔斯丹尼士(Gregory Jusdanis)所言,文学使我们意识到“我们的实际经历同想象之间存在界限”(Jusdanis, 59)。如此,文学便成为了一种凌驾于其他社会实践之上的社会实践,将自身同其他空间隔绝开来——为了达成这种目的,文学必须“同现实保持距离”(Jusdanis, 61)。借助自身的创造,文学使我们意识到现实和“虚构”之间的界限;之所以如此,是因为“它的存在正有赖于这种界限”(Jusdanis, 61)。正是这种界限使我们得以继续前行,而我们的日常体验(“现实生活”)也由此找到了意义和目标。

充满想象力的故事语言(有时是诗的形式)不同于抽象的科学语言(这种颇为讽刺的独特语言追求效率和实用),它能带给我们感性的体验,人们借助它所阐述的经历发人深省。文学让我们去体会他人的经历,同时也鼓舞着我们叙说属于自己的故事——文学既让我们沉浸其中,也让我们撇开他人的经历而去叙写自己的生活。文学使我们明白:我们作为凡人在这世间生活,同时也拥有思考生活的能力。它还让我们认识到故事与我们的生活之间存在的相似性,由此我们得以认识自身同他人的联系——他人的故事就是我们的故事。

但与此同时,我们也会发现故事同我们的生活之间、他人与我们之间存在的差异——他人的故事终究不完全与我们的相同。通过这一过程,我们便会明白,我们是何、又非何;我们会认识自身与他人、生命与死亡。

我们无法亲历死亡,尔后述之。故而我们无法将自身描述得透彻,因为死亡的真相无法被生者知悉。语言叙事使我们明了——我们与亡者终归不同。我们与他人亦似而不同——语言使我们同他人产生关联,并由此产生归属感;同时我们也感受到自身的平凡与脆弱,甚至还会因此感受到死亡的阴影。故事象征着关乎人类自身的未解之谜。

*

我希望,本书有关语言叙事的解读能够使读者重拾对故事的关注,并使读者在"现实生活"中获益。这些解读基于我多年以来对书中选读的故事进行的思考,以及我和同学们在课堂上及"文学改变生活"项目中进行的热烈讨论。除却这些讨论及思考,我还参考了许多相关的、颇具价值的文学批评。因此,除了向读者倡导这种文学叙事阅读方式,我还想向大家介绍对我本人产生影响的文学批评家。毫无疑问,这些杰出的批评家对本书表达的观点有着很大的影响(有意识或无意识的),他们的观点往往与我不谋而合,对我而言总是具有启发性且有所助益。我尤其要感谢彼得·布鲁克斯(Peter Brooks)对《弗兰肯斯坦》(*Frankenstein*)的解读,以及他与希利斯·米勒(Hillis Miller)对《黑暗的心》(*The Heart of Darkness*)的解读。同时我还要感谢温迪·斯坦纳(Wendy Steiner)对《爱丽丝梦游仙境》(*Alice in Wonderland*)以及利昂·凯斯(Leon B. Kass)对《创世记》(*Genesis*)中"创造万物"这一章节的解读。

我坚信,对文学的深入阅读有助于我们认识自我和世界,我们需要借助"虚构"赋予"现实生活"以意义;此外,阅读故事对于建立一个人性化和民主化的社会同样是至关重要的。我们是语言生物,语言(尤其是叙事语言)在我们探究人类身份的过程中起着极为关键的作用。在这个尤为混乱的世界中,文学阅读是我们眼下所能掌握的、帮助保持自身清醒和内在统一的最佳方式。

本书的大部分章节是对19世纪或20世纪一些著作的解读。生命既是一场旅程亦是一种追寻，本书希望借助这些解读来探究生命的意义，同时探明语言和日常生活的关系。本书最重要的两个论题是：语言叙事能够让我们对自身产生什么样的认识？故事又是如何引导我们思考矛盾而深刻的人生意义？

首先，本书将对亚当和夏娃的故事进行解读。从文学叙事的角度去读这个故事，我们会意识到其实自身一直处在同样的故事当中，只是方式因人而异。这个故事关乎创世与尘寰、语言及(人的)有限(性)、自由与必然、生命与死亡，还有人类经验中那些悬而未决的矛盾之处。我们将对它进行详细的解读——因为同其他重要的故事一样，无论在我们身上发生与否，这些故事都是我们的故事。

2 创世故事

首先我们来解读创世故事(《创世记》第一到三章)。创世故事从表面上看,似与阅读或是写作毫无关联,实则是一则有关语言和知识的典型故事。这个故事超越了它本身所借鉴的所有神话与传说;它探讨人类生命的意义,拥有不容置疑的重要意义(这一点在西方世界尤甚)。

在《希伯来圣经》中,除去创世故事,亚当和夏娃这两个人物仅出现过一次。这一点颇为有趣,许多文学批评家由此认为这个故事并不重要。例如,哈罗德·布卢姆(Harold Bloom, 1990)就认为它不过是一个儿童故事,至多也只能算是家庭读物。对此,伊莱恩·佩格斯(Elaine Pagels, 1989)持有相反的意见,她认为:这个故事是重要的,但它之所以重要凭借的是西方基督教及教堂的发展——耶稣在尘世中的事业(尤其是关于性的)是由亚当开创的;耶稣是为了替堕落尘世的亚当赎罪,才会诞生(后来还经历了死亡和复生)。而在我们看来,这个短小精悍的故事之所以重要,是因为它告诉我们一个事实:两个版本的作者——祭司派作家(下称祭司派)和耶和华派作家(下称耶和华派)——以及众多参与编纂《希伯来圣经》的人从未提及"堕落"和"罪"这两个概念。此外,毫无疑问的一点是,创世故事之所以重要,有很大一部分原因是它经历了数百年的传承,同时不断被赋予新的内涵。

我们不能说这些传承了数百年的故事完全等同于"我们的"故事;同时,我们也不能撇开创世故事本身,而只去关注发散出的探讨和阐释。创世故事之所以能使现在的我们产生共鸣,首要原因是:它通过语言向我们讲述了人类的起源、身份、死亡、性、自由和局限。和其他重要的故事一样,创世故事并未提供可以照搬的模式,而是提出了许多值得我们思考的关键问题；这个故事之所以值得关注，是因为它激发了我们的欲望，鼓励我们去追寻那些看似超出人类掌控的秘密。

我们应当对创世故事进行深入解读，因为这有助于构建我们自己的故事，并帮助我们在林林总总的故事当中找到自己的定位。这个神秘而富有内涵的故事曾为许多艺术家、诗人、哲学家及神学家带来过灵感，其中最具想象力的改写莫过于约翰·弥尔顿所著的《失乐园》。此外，创世故事的魅力不仅限于政治和文化方面——尽管它不得不受制于语言本身的局限，但得益于语言自身的生命力和超越性，创世故事总能为我们的“现实生活”带来启示。

我们阅读的创世故事译自希伯来语及希腊语两个版本，这种语言的转换同样为故事增添了内涵。托雷福·博曼(Thorleif Boman)认为，希伯来和希腊文明不仅使用的语言不同，在认知方面同样大相径庭——例如，祷告时，信奉东正教的犹太人总会念出声来，并随着节奏摆动身体，希腊人则会在心中默念的同时尽力保持身体静止(Boman, 205)。从这一点来看，希伯来文化是外显的、动态的；而希腊文化则倾向于内敛的、静态的。我们在阅读创世故事的同时，应当把二者的差异考虑在内。

阅读创世故事时，我们会遇到一系列几乎难以攻克的困难，囊括了从“我们如何阅读创世故事”(两个版本的创世故事是否一致?)到“如何借助它来创造我们自己的故事”。如果依利奥·卡斯(Leo Kass, 2003)所言，创世故事确乎“一切智慧的发端”，那么这是否意味着我们的起源即我们的终结？我们不禁还要问：这个故事探究的深度和广度究竟几何？当我们解读这个故事时，它又对我们产生了何种影响?

为了解答这些疑问，我们从祭司派撰写的《创世记》第一章谈起。需要注意的是，我们要避免从宗教的角度来解读，而应将其视做作者讲述的一个故事，其主要目的是称颂上帝创世。作者希望我们通过创世这一行为而非其特质(神性)来了解上帝。耶和华派的语言幽默讽刺，因此其所撰写的《创世记》第二章中有着复杂的情节发展；祭司派则不同，他着重于描写万物之源——上帝。世界出现以前，上帝就已存在；从世界起源以前，直到终结之后，上帝都将始终如一。祭司派希望读者将上帝视做一个谜团——这个谜团的答案只可一窥部分，而永远不能得到完全的解答。祭司派认为，我们可以通过创世这一令人敬畏的行为来认识上帝。

祭司派在讲述这个故事时并未使用上帝的语言(当然他也无法做到这一点)，而是使用了人类的语言。通过语言叙事，他试图影响读者的意识，令读者得以略微了解创世故事之谜。正是因为人类语言本身存在着时间和空间上的限制，读者才能够从人类的角度去理解为期七天的“创世”过程，并将之内化为自身的一部分。关于创世，《创世记》第一章给出的描述有限，同时也为我们留下了思考空间——对语言的解读远比其本意所要表达的更丰富。

在创世故事中，上帝的语言是永恒的，且能将众多元素转化为生命。但同时，上帝的语言本身与这些元素或生命形式并无太大差异。人类的语言则与此不同，迪特里希·巴里斯认为：“人类的语言无法创造元素，或是将元素转化为生命形式；但它能够创造‘语言生物’和一处依照语法行事的领域，在这一领域当中所有法则都息息相关——这种由人类创造的客观实则是高于宇宙间的任何法则的。”(Kass, 77n)创世故事从人类的视角对“创世”进行描述，这使我们得以在世界当中找到自己的定位，并由此展开自己的生活。

“起初神创造天地”(1.1 NIV)——祭司派撰写的开头采用了庄重的陈述口吻，它并未提及上帝的起源(祭司派作为凡人也无从知晓这一点)，而仅仅描述了上帝的创世行为。祭司派无法准确重现“创世”那一刻(世界起源之起源)，他只能用人类的语言来描述创世，故而受限于时间(例如只能使用“created”一词，即“创造”的过去时态)和空间(只能描写人类理解范围内的空间，“天”与“地”)。这便是祭司派所描述的人类旅程的开端。

祭司派提到了一些元素——大地、水和空气——却并未提及火。显然，火是人类在世界诞生之后得到的馈赠(这或许要感谢普罗米修斯)。上帝临视万物，我们却难见其真容；他的精神不绝于黑暗和深渊，这其间的隐秘我们却无从了解。然而通过祭司派的语言，我们第一次直接“听见”了上帝的声音，他说：“要有光。”祭司派作家作为讲述者，只能告诉我们:是上帝的命令带来了我们如今看到的光。但我们不妨作出想象:上帝所说的这句话本身就是"光",尤以其自身的视角(如果存在这样的视角)来看,更是如此,换句话说,是言行合一的。然而人类只能从"语言生物"的角度来看待创世过程,所能体会的实则祭司派依照语法规则、人为构建出的"现实"。上帝的语言没有时态,他并没有说"这里有光""这里将有光"或是"这里曾有过光",他说的是"要有光"。同样,上帝在第二天所说的话依旧不具时态:"诸水之间要有空气,将水分为上下。"

在读者看来,上帝创世存在因果,而他的命名行为则是为了区分,但这并非上帝本身的看法。上帝称光为"昼",称暗为"夜";他将空气上下的水分割开来,他称旱地为"地",称水聚处为"海"。依照祭司派的描述,上帝认为他所做的这些是"好的"。

作为读者,我们可能会感到好奇:祭司派是如何知晓上帝所言,上帝又为何会认为这些是"好的"。对于第二个问题,事实上这是祭司派而非上帝的看法。我们之所以深信文字所述,主要是因为:祭司派讲述了这个故事,而后我们才能体会它。或许我们可以通过文字叙述感知上帝之灵,通过他的命令感知他的声音;但真正使我们产生共鸣的其实是(祭司派这种)人类视角(的叙述),同时亦是语言创造的这一处领域;当我们的内在自我同故事产生了共鸣,无数的可能便由此产生了。

上帝通过"创世"证明其自身的存在,而我们则通过祭司派的叙述来知晓这一过程。创世第三日,地上长出了花草、树木还有内藏种子的果子,各从其类;而后(根据叙述)这生长的过程再次重复。后来,天空中又出现了星星、月亮和太阳。依照祭司派的叙述,神用声音创造世界,并使他的语言具现为可以感知的种种存在。然而事实上,是祭司派(而非上帝)将我们拉进他的创世故事当中,我们所体验和相信的是他的叙述。如此,祭司派的故事就被我们内化了。

托雷福·博曼认为,祭司派并不注重对世界的视觉描写,而是通过隐喻性话语来展现世界的奇迹。祭司派并未将上帝描写成遥在云端的"设计师",而是让我们通过上帝话语间的丰富隐喻去感受创世过程。例如,祭司派希望我们能够感受天汉之中的璀璨星光,继而感叹它们的诞生过程;但一开始祭司派并未直接将星星呈现在天空之中,而是借助隐喻来讲述它们的创造过程。他希望令这些造物既存在于宇宙,亦存在于我们心间(Boman, 132 - 133)。博曼还借助希伯来语极好地对“隐喻”和“可视”进行了区分——他引述了《以赛亚书》第 66 章,博曼认为当“耶和华说:‘天是我的宝座,地是我的脚凳’”时,并非是指耶和华当真坐在“天”上,同时落脚于大地,而是指大地之于耶和华就如脚凳之于凡人(Boman, 183)。因此同样的,祭司派并不是希望我们在脑中描绘“上帝放置星星于天穹”的画面,而是希望我们去感受这种造物过程的宏大以及其中蕴涵的良善与光明。因此,《创世记》同其他所有文学叙事一样,应当首先从隐喻而非其(表层的)描写来解读。

第五日,上帝创造了生命,空中有了雀鸟,水中也有了各种生物。第六日,上帝使地上生出野兽和牲畜,各从其类。接着,上帝说出了最长的一段话:“我们要照着我们的形象,按着我们的样式造人;使他们管理海里的鱼、空中的鸟、地上的牲畜和野兽,和地上所有爬行的生物。”祭司派作家对这个关键点进行了重复,加以强调:

> 于是神照着自己的形象创造人;
> 就是照着他的形象创造了人;
> 他所创造的有男有女。

对于祭司派及所有同他一道“经历”为期六天的创世过程的读者来说,这个世界是上帝对人类的馈赠。上帝让人类管理世界,就如同星光掌管了昼夜。但上帝为何要说“依照我们的形象”创造人类?或是用祭司派的话来说,上帝造人时缘何“依其自身的形象”?祭司派不是指人(在外表上)像上帝,或是上帝是以一种“人”的形象出现的;祭司派是在表明世间的造物都是上帝的体现,是由他的声音和语言创造的。创世是上帝的行为,而非其本身,人类无论男女(祭司派在他的叙述中并未作严格区分)皆可通过体会上帝创造的这个世界来对其自身窥得一二;也都能像祭司派一样从人类的视角去讲述创世的过程。我们是上帝依照其形象创造出来的,因此我们能够将上帝的创世故事内化为我们自己的故事。由此，通过借助语言叙事，我们能够一窥世界起源之起源，及其诞生带来的种种历史和时间上的影响。这些影响（也是故事本身的奇妙之处）帮助我们展开自己的旅程。在感受了祭司派叙述的创世奇观后，我们将重回充斥着种种“偶然”和“可能”的日常生活中去。

第七日，天地万物都造齐了，神完成了他的工作，歇息了；神赐福第七日，使它为神圣的。祭司派认为，“歇息”也是上帝对人类的馈赠，是对已完成的工作进行反思与表达尊重的机会。当我们读完祭司派的创世故事，如果足够幸运，我们便能通过这个故事了解一些过去未知之事，由此认识我们的部分自我，并得以在世界中重新定位。因而，我们希望继续读下去。

接下来我们读到的是由耶和华派作家描写的，上帝创造天地的故事。耶和华派着重讲述（人类始祖）亚当和夏娃，这个故事较之祭司派的作品更具影响力。哈罗德·布卢姆认为，耶和华派比祭司派更像一位文学家，因为他尤为注重人物发展和人性中的细枝末节；同时，他还在整个故事当中提出了许多深刻的问题。耶和华派在创世故事中加入了众多细节，强调有关人类的情节，并且改变了创世故事本身的顺序。耶和华派似乎并不十分关心上帝及其创世行为，而更关注人类本身。他关注的是亚当和夏娃，关心正在追寻过程之中的我们，以及我们作为人类所缺少的东西，此外他还关注人性的间隙。

杰克·迈尔斯(Jack Miles, 1996)对耶和华派所著的《创世记》第二和第三章作了富有价值的解读。在解读中，迈尔斯将上帝看做文学中的人物，这也呼应了极具洞察力的耶和华派所作的尝试——创造一个复杂深刻的角色。迈尔斯认为上帝是自我矛盾的，与其内心的混乱作着斗争，希望获得和谐。然而由于我们是读完祭司派的故事再来读耶和华派的故事的，因此在我们看来，迈尔斯似乎解读过度了——上帝的种种行为不应被理解成其内心存在着矛盾。正如我们已经看到的那样，上帝是人类所知的那位上帝；迈尔斯却未能同耶和华派一样了解上帝这一角色的内心。耶和华派认为人类本来就是内部分裂的，且缺少上帝所了解的部分。对他而言，创世故事是追寻人类起源的发端——

成为人类意味着什么？为什么依照上帝的形象被创造出来的人无法成为上帝？迈尔斯打破了一座极为关键的壁垒，而这壁垒正是故事有意安排的。

耶和华派是从人类的角度来叙述故事的。他着重于描写人类的始末，而非象征着世界起源之起源的上帝。换句话说，他关注的是人类所共有的一种缺陷。在耶和华派的叙述中，刚开始大地一片荒芜，接着溪流涌现润泽大地，然而土地依旧无人耕种。于是，上帝"用地上的尘土塑造了一个人类"，又将"生命的气息吹进他的鼻孔里"，"这人就成了有灵魂的活人"。这尘土（或是黏土）就成了一个沉默的人，没有故事，亦无法讲述自己的故事。是上帝的气息、灵，甚至乎他的声音（语言）使这尘土有了生命，能够活动，有了目标、欲望和想象力。在虚构的故事中，人类是因神力获得了生命，但究其本源，人类依旧是尘土。

耶和华派与祭司派不同，我们在他的故事中未曾听到上帝之声，而只能看到耶和华派本身的叙述。身为读者的我们，正是生活在经受润泽的大地上的"人类"。接着，上帝在东方的伊甸开辟了一个花园，把他自己所造的人安置在里面。那园中长着"既好看又能结出美味果实"的树木。看起来，上帝正给予人类一处栖身之所，就像耶和华派为我们这些读者所做的一样。换言之，如果人类是按上帝的样子创造的，那读者就是按照耶和华派的叙述被创造出来的。然而耶和华派的叙述故设悬念——这正是他文才的体现——上帝的伊甸花园坐落于东方，我们不禁要问东方究竟是何处？上帝并不需要这种方向上的指引，但我们是需要的。

为了使故事更加丰满，耶和华派作家对伊甸花园进行了详述。但为什么他要强调花园中的树木是"既好看又能结出美味果实的"呢？他是否在暗示：它们所带来的视觉享受对于人类是一种诱惑，人类会因此产生欲望？祭司派此前提到过，上帝认为其所创造的事物是"好的"，这与耶和华派所指的"好看"是否内涵相近？又或是耶和华派的"好看"是在反讽，意指并非所有的树都"能结出美味果实"？耶和华派并非单纯是在引我们一览这个神秘的花园，而是引导我们将这个故事视为自己的故事，继而对它进行深究。

接着，耶和华派对伊甸花园中心的两棵树进行了重点描写：一棵是能使人永生的“生命树”，另一棵是能教人判断好坏的“知识树”（笔者认为此处“好坏”比“善恶”更恰当）。这两棵树当然都是“好看”的，然而随着故事的展开，我们的注意力大多落在了能教人判断好坏的知识树身上。这棵树既是耶和华派的叙述重点，也关乎上帝给亚当的第一条命令：“你可以随意吃园中的各种果子，只有那棵分辨善恶树的果子你却不可以吃，因为你吃了它，就必定死。”

这显然不同于祭司派笔下的上帝所说的话。耶和华派叙述中，上帝的话语对人类的意识产生了一种刺激，并定义了一种“违规”行为：人可以随意吃园中的各种果子，但那棵分辨善恶树的果子不可以吃。于是，我们又产生了疑问：这意味着什么？

我们可以猜想：人若是吃了生命树的果实，便能了解上帝。然而这种猜想是错误的，因为我们已经知道人类不能像上帝了解自身那般了解他。从耶和华派的叙述来看，既然人是依照上帝的样子创造出来的，那么他必然会（如上帝那般）有着不安感以及自身同大地间的距离感。人在被赋予自由的同时，也被给予了死亡警示——一旦人自由行动时触犯了上帝的戒律，“就必定死”。此刻他一定同我们一样，感到自己陷入了一个谜团。

人是通过对上帝行为的体验，而非通过空想或是形而上学式的猜想去了解上帝的。人感受到的是草木繁茂的伊甸花园，以及园中分为四道的大河。传统观念认为，上帝将那人带离贫瘠的大地，将其置于“天堂”。尽管人已然心生不安和孤独，但从表面上看依旧天真无邪（因为他尚且不明何谓好坏）。上帝曾说若人吃了知识树的果实，“就必定死”。既然如此，我们不禁想问：不经启示，他如何知晓何谓死亡？这或许要得益于他的“尘土之身”，与尘土间的这种关联或许造就了人不同于其模本（上帝）的特点。

接着，上帝第一次认为他的创造中出现了“不好的”——人只有孤零零的一个。现在，我们可以猜想“不好的”就是“坏的”，但这“坏的”是对人（而不是上帝）而言。因此，上帝要为人造一个配偶，来帮助他。

上帝像造人一样,用尘土“造”了地上各样的野兽和空中的各种飞鸟。他把它们带到那人跟前,“那人叫它们什么,那就是它们的名字了”。在此过程中,上帝和那人都说了什么,我们都无从得知,仅由耶和华派总结道:“那人就给所有的牲畜、空中的飞鸟和地上的走兽都起了名字。”此时,那人俨然化身上帝,凭借语言成为中心。但人的语言不同于上帝的语言(“要有光”),它是有时态和歧义的,是有局限的。语言这一馈赠使得人得以想象出上帝的样子,那并不是真的上帝,但它能够影响人的生命体验。给生物命名不仅使人可以掌控它们,也使人有别于它们。上帝像人,人像动物——我们作为读者是知晓这种关联的,但这三者之间确乎存在等级上的差异。接着,生活在大地上的凡人似乎陷入了生存危机,因为他正在探寻一种其自身无法探求的亲密关系。

而后,耶和华派作家第一次提到那人的名字是亚当。尽管亚当为生物命了名,但他依然是孤零零的——“找不到一个可以跟自己相配的助手”。从表面上看,亚当的命名行为产生了双重效果——它既增强了人与其他生物的关联,同时也强调了差异。然而,最重要的是,人所期盼的亲密关系依旧未能实现,这就像是“尘土之身”是无法为自己命名的。

耶和华派致力于描写人内心的不安和斗争,而现在故事节奏也越发紧凑了起来。亚当(我们未尝得知他得名于谁)被赋予了语言能力,他被带离了贫瘠的大地并被置于天堂。依照惯例,我们可作猜想:亚当是天真无邪的,他没有进入伊甸以前、无法言语时的记忆。他虽置身天堂,但此刻已有种种“不和谐的”迹象逐一显露——不安、冲动、对归属感和区分感的需求。耶和华派所讲述的人类的起源,正是读者自己的故事。

感谢编纂者的工作让我们能够读到创世故事。同时也要感谢祭司派,他使我们一瞥上帝的存在及创世行为,上帝的语言在这过程当中具现为了种种元素和生命,创造出了奇迹。但即便如此,我们依然无法了解上帝本身。不过现在,我们更加了解亚当的故事以及人类的起源,这都要归功于耶和华派作家。就如巴里斯所言,我们正在体验一种“由人类创造的现实观，它是高于宇宙间的任何法则的”(Kass, 78n)。这种体验使我们得以同时与文本及自我展开对话——由此“语言生物”就产生了。

然而，尽管亚当被赋予了绝妙的语言能力和命名能力，依旧感到不安，因为他无法寻得他所企盼的亲密关系——一个可以跟自己相配的助手。“于是，上帝使那人沉沉入睡；然后从他身上取出一根肋骨，再把肉连合起来。”

较之祭司派，耶和华派叙述中的上帝的行为更为直接，但也更使人感到迷惑。例如，在耶和华派笔下，上帝并没有说“让花园里有树”，而是直接陈述：上帝在花园中种满了树。类似的，上帝没有说“让我们来造人”，耶和华派写道：上帝用尘土做了亚当，又用亚当的肋骨创造了女人。然而，为何上帝要(在创造女人时)使亚当陷入沉睡？显然，这与“内在”这一概念有关，是一种由肉体(表面)深入未知内在(深处)的过程，这或许是在照应祭司派撰写的开头几句：“黑暗笼罩着深渊表面，上帝的灵在水面上运行。”上帝必定是打开了亚当的肉体才取得肋骨，因为耶和华派写道：“(再)把肉连合起来。”亚当因此受了伤。我们作为读者所产生的感受并非是字面的，而是含有隐喻意义的；并且这种感受并非是源自上帝的角度，而是来自尘世的角度。这么来看，亚当的梦似乎关乎他的欲望和需求——其自我中的未知部分。当亚当从梦中醒来，他发现自己梦想成真(如诗人济慈所说)——梦中之事被具现化了；一个能为那人所了解的女人将要诞生。

亚当没有亲眼目睹上帝创造女人的过程(这又关乎起源之起源)，但当上帝将女人带到他面前时，他第一次开口说话了。尽管此前亚当已然使用上帝赋予他的力量命名了生物，但唯有当亚当看见了女人时，(我们猜想)他才受欲望驱使进行了直接叙述。

> 这是我骨中的骨，
> 肉中的肉，
> 可以称她为女人，
> 因为她是从男人身上取出来的。

"女人"一词源于"男人"[①],它将男人与女人结合在了一起。耶和华派告诉我们,亚当(离开父母)与女人结为夫妻,"二人成为一体"。尽管我们依旧存在困惑,但这解释了男人之所以离开父母的原因。"成为一体"这种终极的亲密关系使我们产生了期待,它是伊甸花园里的极乐体验;但同时它也意味着别离,象征着人类苦苦追寻的缺憾和谜团。

读到这里,我们依然未能知晓男人和女人的差异——他们同样赤身裸体,不感羞耻,眼睛亦不够明亮。用基督教的术语来谈,人类此刻正处于"堕落之始",然而我们更倾向于将这视做人类由"无知"转向"有知"的开端,是对外在世界和内在自我更为深刻的探索之始。

在伊甸花园中,亚当给动物命了名,还得到了一个由其骨肉创造出的助手——这一切都表明人类是社会动物,有性别之分且彼此相连。亚当和妻子夏娃都需要满足食欲,不仅仅是为了生存,更是为了繁衍兴盛。此刻,他们赤身裸体,但这毫无影响:"当时夫妻二人赤身露体,并不羞耻。"他们似乎对"生命树"和其所能带来的永生兴趣缺乏,因为此刻他们甚至不知死亡为何物。亚当、夏娃与上帝似而不同:他们能言能听,可以对话;他们可以命名生物,但他们的命名行为不能(如上帝那般)创造元素或生命。因此,尽管亚当和夏娃能够体会上帝的创造,但他们依旧受缚于凡人的"尘土之身"。

接着,大蛇出场了。大蛇一出现,就径直向夏娃发问:"神真的说:'不许你们吃园中所有树上的果子'吗?"大蛇显然不同于"上帝创造的任何动物"。它言辞凿凿,令我们不禁心生疑问:大蛇如何学会言语?[②]我们曾作猜想,上帝只将语言能力赋予了亚当和夏娃,而未赐予其他生物。大蛇这个角色看起来有些怪异,但我们对有关它的叙述有所期待。大蛇言辞温柔,企图吸引夏娃加入谈话。上帝未曾说过不许亚当和夏娃吃所有树上的果实,大蛇必定知道这一点。因此,它向夏娃所作的提问实则迂回的诱骗,并不为获知信息,而是在期待夏娃的回应。

夏娃对大蛇作了回应,她纠正道:"园中树上的果子我们可以吃。"

---

① "男人"和"女人"在希伯来语当中分别是"ishi"和"ishier"。

② 诗人弥尔顿认为蛇是因为吃了知识树的果实,所以能言语。

接下来她提到了上帝的规则，这正是大蛇所期待的回应。这种附带惩罚的规则已借由上帝的语言扎根在夏娃心中——“神说：‘不能吃园当中那棵树上的果子。’”她向大蛇说道。从耶和华派此前的表述中，我们知道园当中有两棵树，但夏娃觉得没有必要指名她所指的那棵树。因为对她而言，知识树已经占据了她的全部注意力，这树亦将成为人类最大的愿望：认识你自己。接着夏娃更进一步地陷入大蛇的阴谋之中，她继续“复述”上帝的指令：“你们不可吃，也不可摸，免得你们死。”“摸”不等同于“吃”，此前上帝也未曾说过“摸”（树或果实）也是不被允许的。夏娃醉心于知识树的美丽，心生渴望，又因上帝定下的规矩而蠢蠢欲动。这种状态使她陷入矛盾——想吃下果实，却又惧怕违规的惩罚（“必定死”）。作为凡人，夏娃同亚当一样，是矛盾的。

随着大蛇和夏娃之间对话的展开，故事内外都产生了矛盾——女人和自身的矛盾；我们作为人类的自我矛盾。大蛇和夏娃所言皆非百分之百的谎言，而呈现半真半假的状态，所承载的信息有限且并不完整，有时是不足取信的。但二者的对话持续进行着，受制于种种可能性，并随着不断深入可能有所改变。

当夏娃说到，上帝说若是违反规定，他们“必定死”时，大蛇当即反驳：“你们不一定死。”它的话同由女人转述的上帝的“言之凿凿”形成了对比，且如人类的语言一般模棱两可和狡猾，需要进一步探究。

依上帝所言，一旦亚当和夏娃吃下知识树的果实，就会立刻死去。然而这并非事实。借助语言，大蛇在人类心中埋藏了不安定的种子，但同时也丰满了人类的认知，使人类产生了欲望，而这欲望将加深人类意识的复杂程度。

接着，大蛇解释道：“因为神知道，你们吃了那树的果子，眼睛就明亮了，你们便如神一般能知善恶。”很快我们就会知道，大蛇此言非虚。亚当和夏娃吃下了知识树的果实后（习称“禁果”），看见了许多此前未知的东西；更确切地说，他们从体验（即吃下禁果）当中获取了知识，开始认识自身和世界的未知面。由此，就如大蛇所说，他们尽管不能成为上帝，但变得“如神一般”。如此他们便能知善恶，这并不意味着道德的产生，而是意味着他们开始认识人的本质，了解生殖与死亡、疾病与异化、苦痛与折磨。同时,知善恶也意味着人类拥有了了解天堂、健康和奇迹的能力。

知善恶就是经历创世,亚当和夏娃对这一点或有体会。我们阅读故事时,应当从文学语言中去体会创世的深层含义,认识它所包含的矛盾与交错、细枝与末节,以及此后的发展。这种语言使我们的思维活跃起来,它类似于迈克尔·伍德(Michael Wood)提到的某种知识:"这种知识获取起来直接迅捷,我们对它也毫不陌生,因此它看起来更像是我们一直以来所熟知的而非陌生的新知识。"(Wood, 62)这种隐性直观的知识需要我们进行进一步的思考,因此我们回到故事中继续阅读。

夏娃摘下知识树的果子吃了,又拿了一些给丈夫,他也吃了,于是他们二人的眼睛就明亮了。因为他们的行为违背了上帝的规则,所以赋予了规则以人类的意义;又因为这种行为意味着"不",所以他们明白了"是"的含义。因为对知识的渴望,二人选择(违反规则)践行自由,不论好坏对错。当然他们对于这个过程并不知之甚明,但我们能够通过耶和华派的描述来了解它。我们与亚当夏娃不同,我们不仅仅是在经历这些事,同时也在耶和华派语言的帮助下,参与构建这个故事。

耶和华派告诉读者,随着亚当和夏娃获得了新知识,他们不再无知而变得自知自觉了——当他们的眼睛变得明亮,"才知道自己是赤身露体"。显然,他们会害羞并非是因为赤身裸体,而是因为他们意识到自己是赤身裸体的。我们希望探究这其中的深意。

在亚当和夏娃获取这样的新知识以前,他们之间存在着一种亲密的关系,本质上是"一体的";这种关系还是一种归属感和天堂感(这种感觉将永存于他们的记忆之中)。他们是社会性的,相互关联且十分和谐;他们还拥有一种铭刻入骨的同情心和同理心。在他们获取新知识之后,上帝对他们的认识并没有改变;改变的只是他们对彼此及自身的认识——他们明白了自己是赤身裸体,所以躲藏了起来。现在,他们对自己所拥有被塑造出的躯体产生了认识。他们是一体的,但同时也是两个彼此不同的人类个体;他们来自尘土,亦将归于尘土。

这将有利于我们对新产生的人类身份作进一步的深究,这种人类身份既是自我矛盾的,也会因感受到外界而产生焦虑。这种自我是社会性的，具有同理心和同情心，渴望建立亲密关系；但同时它也是个体性的，追求区分和特性。接下来我们要探讨的是，为什么男人和女人拿无花果树的叶子编成裙子来遮蔽自己？

男人先是看到女人是赤身裸体的，同时也认识到她与自己是不同的；反之对于女人亦然。他们第一次认识到彼此似而不同，存在性别差异，也认识到对方的弱点和需求；他们意识到了自身的缺陷。

眼睛变得明亮不仅使他们能够认识对方，同时也使他们明白对方正在看着自己并且知悉自己的局限。亚当并不是看见夏娃就知道自己是赤身裸体的，而是因为他明白了夏娃能够了解他，就像他自己通过思考所能做到的那样。男人和女人都不是完整的，但他们需要成为完整的；他们是矛盾而有局限的、焦虑的且感到羞耻——他们正在获取"人类"这个身份。因为意识到自己的弱点，他们都选择编织叶子以遮蔽身体，这是他们共通之处的初次体现，也是他们因新获得的人类身份感到恐惧和好奇而作出的第一反应。人类身份既是可以被暴露，也是可以被隐藏的。同时我们也知道了，他们不仅拥有语言能力，还拥有创造和创新能力。男人和女人是依照上帝的模样创造出来的，所以他们能够想象自己的故事，就像我们现在对他们做的想象一样；在想象故事的同时，还能赋予它以延续感和时间感，使它囊括过去、现在和未来。

某个凉快的日子，上帝在园中行走。亚当和妻子夏娃听见他的声音，就藏在园里的树木中以躲避他。耶和华派最为幽默的叙述或许就在于此，比贝克特（Beckett）①更甚——上帝似乎乐于参与到这个荒诞的"捉迷藏"游戏中，因为若非他自愿"蒙住眼睛"，他自然知道亚当和夏娃身在何处。

人现在听见了上帝的声音。"你在哪里？"神问道。那人回答："我在园中听见你的声音，我就害怕，因为我赤身露体，所以就藏了起来。"人的语言显露出他的脆弱、恐惧和不安。话的内容不假，但它隐藏了一半的事实，象征着一种堕落。那人只说他害怕，因为脆弱而躲藏；但他并没有道出希望掩盖的关键的一点，但这一点已经从他的表述中暴露

① 《等待戈多》的作者。有人认为"戈多"暗指上帝。

出来——他吃下了知识树的果实。

上帝继续与那人对话，但并没有径直责备他，而是继续发问："赤身露体是谁告诉你的？莫非你吃了我吩咐你不可吃的那树上的果子吗？"

接着"连环"的责备和推诿就开始了——那人责备给了他禁果的女人，同时间接责备了创造女人的上帝；女人受到上帝的责问，就道大蛇才是元凶。两人都不愿为他们的行为担责。现在，他们的违规行为看起来既含有欺骗又含有骄纵的成分。同时，亚当、夏娃和大蛇——上帝创造的生物们的复杂性也借由他们的行为一一展现。

耶和华派的叙述中充满了情绪起伏，增强了不安感，这与祭司派所表现人与天地的和谐一体是截然不同的。在他的叙述中，亚当、夏娃和大蛇似皆借由上帝掌控的某种情绪而相互关联，同时他们也是上帝语言创造出的不完整的产物，体现了人类内在自我的不同面。

这种不安感、情感分裂和混乱加深了人的焦虑以及对稳定和完整的渴望。在人的世界中，质询意味着审判，违规将被惩罚，"超我"力求控制"本我"。耶和华派的叙述将这些方面一一体现，并对人性进行披露或是掩藏。

女人忏悔说："那蛇引诱我，我就吃了(果子)。"上帝听了并未质问大蛇，而是直接用亚当夏娃能够听懂的语言对大蛇作了处罚——"你必用肚子行走，终身吃土。"我们还记得亚当就是尘土之身，也将回归尘土，他与大蛇本是不同的，但因尘土产生了些许关联。同女人一样，大蛇也将育有子嗣，往后人(男人和女人)与蛇之间将充斥着仇恨和矛盾。

人类渴望他们缺少的东西，这种欲望有时可能溢出。这种由人类的语言所构建的欲望，反过来又使人类得以继续对话，有时会为语言的隐喻功能所暂为稳固，并总能孕育更多的可能。上帝对女人(此时还未获名"夏娃")和亚当的判决同时亦是他们对自身的判决，体现出他们的羞耻感和罪恶感，之所以会有这种感觉是因为他们相信自己是独立的个体，能够自治且自由无拘。

上帝对女人说，她怀胎和生产必多受苦楚。上帝的话从表面上看是对女人的直述，实则暗含了许多内容，涉及善恶、性行为、性别差异以及对亲密关系的渴求。但这种渴求无法被完全满足，人只能在矛盾的自我中苦苦求索。既然有苦痛和损失,就必然预示美好未来的希望——新生命。如此看来,“性”和“死亡”是在人类意识中苦苦纠缠的。

上帝告诉男人,大地因其违背规则而受到诅咒,他唯有终身劳苦,才能从地里收获食物。上帝还说男人将重归大地:“你本是尘土,仍要归于尘土。”

耶和华派重提“尘土”,这既让我们想起了最初上帝创造亚当的时刻,也让我们预见到亚当之死。但这并没有将亚当同上帝隔绝开来,也并不意味着亚当会将自身囚于无尽的绝望之中。相反,是大蛇招致责罚,它将终身吃土。人是生活在大地上的,高于尘土;他们能够塑造自身的欲望,拥有方向和目标,持续不断地去求索,并能通过命名和代代相传的叙述赋予它一种历史感。

现在亚当知晓了他生命的起始。或许是既定的死亡促使亚当继续命名这个过程,他为女人命名:“亚当给他妻子起名叫夏娃,因为她将成为众生之母。”借助人的语言,亚当和夏娃暂时获得了安全感和未来(无论好坏),接着他们再一次体会到了上帝之力。上帝“用皮做了衣服”给亚当和他妻子穿,缓解了他们的尴尬和失落、孤独和脆弱。这些衣服并没有抹去他们获得的新知识,而是教会他们谦卑,提醒他们无尽的欲望会带来危险。上帝的好意是经过人为美化的,表面展现的东西同暗含的一样多;它孕育欲望,指明接下来叙事的目标和方向。

《创世记》第一到第三章作为文学叙事呈现给读者的是:人类发展的开端,从无知到有知的过程,人的诞生,以及人类身份意义的产生。从这种发端中我们已窥见死亡。上帝说:“那人已经与我们相似,能知道善恶。”通过耶和华派内涵丰富的叙述,我们知晓了许多——健康与疾病、快乐和痛苦、生与死、内在自我和外在世界。

当然,耶和华派并没有忘记另一棵“生命树”,它也必会长久地留存于亚当和夏娃的记忆中——上帝说:“他不可伸手取摘生命树的果子来吃以永生。”伊甸园当中的这棵“生命树”成为了另一个我们只得一窥而不能尽知的谜团,我们可能会在梦中将其苦苦追寻。亚当和夏娃选择了知识树,因而违背了上帝,却没有选择生命树,是因为他们被从旁隔绝了。亚当和夏娃与上帝相仿,但他们不了解上帝,且仍未能全然了解自身的超越性意义。

对生命树的记忆将永远扎根于人的意识当中,但就像是对永生和完美的追求,它是无法成为现实的。现在如果亚当和夏娃想要取得生命树的果实来吃,以便能如上帝自身那般了解上帝,我们也不会感到惊奇——对永生的求索将成为文学的主题。然而这种求索只会无功而返——这是上帝的判决,看起来也是我们人类自己的。

为了确保男人和女人继续生活,而不会成为新的上帝(即吃下生命树的果实),上帝不仅将他们从伊甸园逐至大地,还在伊甸园的入口安排了把守的天使和火剑以守住通往生命树的道路。

将这三章故事当做悲剧或是充满戏剧冲突的家庭故事来读是无可厚非的。同样,它也可看做有关罪与赎罪的故事。创世故事之所以能胜过大多数的神秘小说,是因为它是我们自己的故事——无论它真正发生与否,每每阅读之时,我们都会产生共鸣。

3　弗兰肯斯坦

玛丽·雪莱创作的小说《弗兰肯斯坦》中共有三个叙述者，由他们分述的三个故事紧密关联，彼此交叉，相互碰撞。其中，科学家维克多·弗兰肯斯坦的故事似乎居于中心地位，从某一方面来说也确乎如此。但其余两个故事的重要性同样不容忽视——沃尔顿船长讲述的故事将弗兰肯斯坦的故事囊括其中，而由弗兰肯斯坦创造出的怪物的故事则更像是整本小说的"内幕"，引人深思。三个故事如它们的三位讲述者一样，彼此相似但存在差异；故事的语言叙事含义深刻，而其所蕴含的人性考量同样复杂交错。玛丽·雪莱将这三个故事串联到了一起，起名《弗兰肯斯坦》，由此，三个故事组成了完整的文学叙事，有了意义。《弗兰肯斯坦》同《创世记》一样，向我们提出了深刻的问题，召唤着我们去探秘生命之旅，去追溯过往、展望未来。我们应当用心阅读，方能从中受益。

故事开头是沃尔顿船长的一封信——此时，他正与自己的船员们一道前往未知的北极世界探险。尽管沃尔顿当时有些紧张不安，但从信中可以看出，他心中仍保有一份亲情（写信给姐姐）和对船员的责任感（但已开始动摇）。他在为了追求儿时的梦想向北前行的同时，心中那份"对朋友的渴望"也越发强烈。

接着，一个陌生人（弗兰肯斯坦）突然从茫茫大海中出现，并登上了沃尔顿的船；他饱受折磨，十分疲惫，奄奄一息。弗兰肯斯坦的状态全然不同于此时的沃尔顿，过去他所做的一些事带来的恶果快将他逼疯了。可怜的弗兰肯斯坦在故事当中初登场，就恍如接近生命的终结——他昏倒在甲板上，形同死尸。多亏了慷慨的船员们用白兰地、毯子和炉火来温暖他,才使他逃离死亡——仿佛是浓浓的人情给这"尸体"灌注了生命力。两天后,弗兰肯斯坦才醒转过来,同沃尔顿说话。很快,弗兰肯斯坦就成了沃尔顿的知己,两人情同"兄弟"一般。

维克多·弗兰肯斯坦讲述了自己充满苦难和艰辛的故事,沃尔顿不禁心生同情和怜悯,同时也对他的口才和能力产生了钦佩。然而,对维克多而言,生命已行将就木;而沃尔顿人生的旅程才刚刚开始,就如维克多对他说的那样:"你前途无量,整个世界都展现在你的眼前,所以你没有任何绝望的理由。但是我——我已经失去了一切,已经不可能开始新的生活。"维克多或许无法再开始新的生活,但沃尔顿无疑是可以做到的——维克多在后来的叙述中一直谨记着这一点。

接下来,读者将通过沃尔顿的信[①]了解维克多的经历。这些借由语言叙事讲述的经历改编自维克多的"现实生活",有时会由他自己做出一些修正。维克多在向沃尔顿(和我们)讲述自己故事的同时,也是在为他自己讲述。在结局来临以前,维克多还需"重归"自己的生活。

维克多需要将他的经历借由故事的形式讲述出来,而沃尔顿则(与读者一样)需要聆听这个怪诞的故事。沃尔顿在聆听也就是读者在聆听,聆听这种行为象征着他(和读者)的好奇心和归属感,以及对人际交往的需要。而促使维克多讲述故事的则是他内心的悔恨,希望给他人以警示,这同他深刻的罪孽相呼应,同时也说明他还需要重回人类社会。维克多还未作好面对死亡的准备,至少在他能为自己的生活,尤其是他的那些可怕的遭遇作出些许解释以前,他不愿死去。维克多·弗兰肯斯坦说故事,我们读者和沃尔顿则在倾听。我们和沃尔顿一样尚处生活的开端,现在弗兰肯斯坦也将谈谈他早年的生活。

弗兰肯斯坦起初谈到自己的家庭和童年——他亲爱的父母和挚友亨利·克莱瓦尔;接着他又说起父母的养女伊丽莎白,他们二人以"表兄妹"相称,却"比亲兄妹还亲"——这些都表明弗兰肯斯坦的童年和谐完满,充满了善与爱,但与此同时,也暗藏了一种较为阴暗的情感。在弗兰肯斯坦的叙述之下,我们能够感受到一股汹涌的暗潮——一种暧

① 这些信件节选自沃尔顿平时的日记。

昧的情愫、一种由强烈爱意孕育的危机和他那为性欲及乱伦的禁忌("比亲兄妹还亲")所折磨的热情。这二人的关系曾因弗兰肯斯坦母亲之死而受挫——当时伊丽莎白患了重病,在颇为钟爱她的养母的悉心照料下痊愈了,养母却因此染疾,不久便撒手人寰。

接着,我们又知晓了在最初以及后来很长一段时间内使得维克多为之癫狂的动因——科尼利厄斯·阿格里帕的著作。此人的著作激发了维克多对中世纪炼金术师们的热情和幻想,这些炼金术师追求的往往是"点金石"和"长生不老药"。年轻时的这段经历,使维克多树立起了一个远大且代价高昂的目标:"为人体驱除病魔,使人类得以抵御除暴死外的任何灾祸!"

这些炼金术师的"梦想"看起来似乎是"无稽之谈",或者就像维克多父亲所说的那样,是"荒唐"的,这一点维克多本人后来也承认了。但在当时,这个崇高目标的宏伟蓝图和无尽的可能,使得维克多将其他抛诸脑后。后来当维克多进入因戈尔施塔特大学,他又一次被沃尔德曼教授点燃了激情。这位教授赞同"点金石"和"长生不老药"不过是妄谈,但他将古代炼金术师的幻想带到了现代科学技术当中,他说:"现代科学家们,尽管他们的双手似乎生来便要与泥土打交道,他们的双眼也只是盯着显微镜和坩埚,他们却创造了多少奇迹。他们潜入大自然的幽深之处,揭示了她隐藏着的神秘活动;他们冲上云霄;他们发现了血液循环的规律以及我们所呼吸的空气的特性。"

现代科学家是新兴的哲人,他们最初只同始祖亚当一般用"双手同泥土打交道",而现在则喜于眼前他们所创造的一切——"驾驭空中雷电,模拟地震,甚至以幻影嘲笑了幽灵世界"。他们深入自然,探寻宇宙之谜,俨然新的神灵。那时,维克多有些傲慢,认为他同样能够取得这般超然的成就。

我们或许还记得在《创世记》第一到第三章中,上帝的语言具现化为自然世界的创造过程,而亚当至多能一窥这奇迹,却难能触及其中的秘密。亚当无法直接地认识上帝,但维克多却相信:生命创造的秘密不仅能够被揭示,还能被凡人掌握和运用,因为凡人是能够发掘未知事物的。这不仅仅是因为上帝的语言已然"崩坍"为人类的语言,同时还因为人类借助自身的想象俨然已成为新的上帝。维克多比亚当更进一步还在于——他不仅仅“吃”下了“知识树”的果实,还打算将获得的知识付诸实践。维克多似乎坚信伊甸园的大门已为自己重新开启:他不仅能够发现世界起源之起源,还能觅得生命的诞生之谜,并将这秘密运用于人体。为维克多天马行空的想象所吸引,我们不禁要问:他当时是否察觉这想象中隐藏的暗潮?最初维克多是被这想象驱使,而现在他似乎要向沃尔顿(和我们)讲述自己如何被这想象倾覆。

为了了解生命的诞生之谜,维克多待在墓穴和停尸间里,近距离观察“生与死这一周而复始的过程”,直到他“能够赋予无生命的东西以生命的活力”。维克多是“被埋在死人堆中”的唯一活人,创造出了一处能够为他所掌控的新世界——无论如何,他自己对这一点是深信不疑的,他确信自己能够用死物创造出生命。

此刻的维克多是何等傲慢,然而对他而言,一切都还是尚未实现的幻想。而我们则因维克多的叙述感到兴奋,想知道接下来发生了什么。但维克多此时停下了叙述,只为警告沃尔顿(和我们),这表现出他对自我的反思,他说:“请您一定吸取我的教训,即使您不愿听从我的劝告,至少应该将我这个例子引以为戒;获得知识太危险了;一个认为自己的故乡便是整个世界的人要比一个志大才疏的人不知幸福多少倍。”

维克多接着重新开始叙述,但现在他已明确不会说出自己掌握的生命秘密。尽管我们(以沃尔顿为代表)作为他的对话者希望知晓这个秘密,却无法实现,因为倘我们知道了秘密,便会如他一般招致毁灭。弗兰肯斯坦继续讲述他的遭遇,但显然无关乎幻想的胜利实现,而关乎人类的生存危机。如维克多所说,他“曾希望使明显腐烂的尸体起死回生”,但在他尝试着实现这个大胆的梦想的过程中,他明白了这行为将带来创痛。他似乎是在表明,尸体能借助富有想象力的人类语言得到指引,但事实上尸体是无法战胜死亡的,就像人类无法战胜时间——这种沟壑在局限的人类世界中难以跨越;倘执意去做,便会将自身置于死地。

带着这种警示,维克多重回叙述当中:为了实现梦想,他开始在“一间单独的房间”中工作;随着他将身心投入到“创造人类”中去,他渐渐同家庭和朋友们疏远了。他从解剖室和屠宰场收集材料，组成他那巨人般的造物，同时心中却不免感到恶心和反感。为了使这造物美丽，他尽力选择最为漂亮的“材料”，然而就如维克多所言：“虽说世事无常，可是再怎么也没有人类的情感多变了。”现在，他创造出了一个“生命”，却还未赋予它灵魂，最终这灵魂的产生仅仅是源于一次意外。结果，当他完成了工作并加以审视时，他似乎立刻就发现自己的创造是不好的——这被创造出的可怜虫使他美丽的梦幻（或者说“人类的情感”）化做泡影，还带来了令人窒息的恐惧和厌恶（“世事无常”）。我们可以认为他并未对自己的创造倾注情感或关爱，这创造之所以成功依靠的是天时和地利。当维克多看到成果，他不发一言，只是逃出房间，倒在床上，陷入了噩梦。看起来这可怜儿的诞生给它的“父亲”带来了困扰。

我们想明白究竟是何种漩涡深陷维克多于其中——他到底创造了什么？为什么要逃离？他在抗拒的究竟是什么？梦中，他看见他的表妹（同时也是灵魂伴侣）伊丽莎白正在因戈尔施塔特街头漫步。他去亲吻她，但她的嘴唇却变得“如死一般铅灰”，她的面容变做他们死去的母亲，衣服也变成了“爬满蛆虫的裹尸布”——爱念与欲望似乎都败给了死亡。当维克多从噩梦中醒来，他又看见了那“可憎的怪物”（他现在开始这么称呼它）。怪物紧紧盯着维克多，发出含混不清的咕哝，想要拦住他。怪物似乎说了什么，但维克多没能明白，他并不想回应，便冲到了街上，逃离那“恶魔般的僵尸”。显然眼下维克多·弗兰肯斯坦陷入了自己亲手创造出的地狱。

我们跟随着维克多，从曾经天真友爱、环绕着家人和朋友的平凡世界，进入到了一个充斥着尸骸的怪诞的世界中。维克多本人在探索未知的过程当中也变得可怖起来。他尝试着仿效上帝独自创造人类，身边没有帮手或他的挚爱，心中也缺乏感情和爱心。这个造物只有父亲（维克多），没有母亲，尽管骨骼安排得当，却是一个十足的赝品，是一个失败的人类复制品——它由尸骸拼凑而成，无论肉体还是呼吸都颇为凌乱，更像是意外的产物。在弗兰肯斯坦看来，它的眼睛湿润而可憎，他似乎无法看透这造物的内心。

当这怪物第一次睁开双眼，它必定看到弗兰肯斯坦正俯身观察着它。弗兰肯斯坦并没有拥抱它,而是羞辱了它。他没有对自己的造物担起应负的责任,不愿倾听、不愿了解也不愿与之交谈,弗兰肯斯坦选择了逃避。同亚当、夏娃一样,维克多·弗兰肯斯坦想要逃避自己的弱点,却无法逃脱这盘旋不去的噩梦,而这耻辱是由他先前偏执的行为一手造就的。同时,他还像亚当、夏娃一样,因自身的罪孽而陷入了性与死亡编织的世界,他偏执的行径令他难以理解这世界的复杂和矛盾,使他仿佛成为了另一个怪物。由尸骸拼凑成的怪物未经母亲的孕育,没有性的起源,也不被自己的创造者所了解;它是"无常世事"的产物,与人类缺乏共性,无法体会人与人之间的纽带,亦难以使用人类的语言。

深陷自己创造出的可怖世界,现在的弗兰肯斯坦再也不能体会亲吻带来的幸福、唇的触感和人体之美(尤其是伊丽莎白的)。他所能感受的只剩下肉体的丑陋和死气(如母亲的尸体),就像失去了温暖的子宫般令人发抖,曾经熟悉的一切都被笼罩了死亡的气息。似乎就连人类的始祖夏娃(亦是我们自身)都变得愈发陌生起来,形容枯槁。弗兰肯斯坦无法拥抱那产生于他也需要他帮助的怪物,他现在难以保持自我,被罪恶感压倒了。

这便是弗兰肯斯坦的阴暗面,它随着叙述不断展开,一步步展现,但这并非故事的全部。弗兰肯斯坦抛弃了怪物,想要遗忘它(如果他可以做到的话),躲藏起来以缓解自己的不安和焦虑。他宁肯遗忘,也不愿被撕裂或受挫。

弗兰肯斯坦恍惚走在因戈尔施塔特的街上,碰到了儿时的伙伴克莱瓦尔。克莱瓦尔照顾弗兰肯斯坦,直到他恢复健康;弗兰肯斯坦又与伊丽莎白通起信来,与家人重新建立了联系。他的健康和快乐似乎回来了,同他身边万物萌发的自然景色相互照应,同时又因同挚友克莱瓦尔间可亲而文艺的谈话与日俱增:"我们在一个星期天的下午回到了学校。一路上,我们看见农民们载歌载舞,每个人都兴高采烈的。我自己也情绪高涨,走路也一蹦一蹦的,心中充满无限的喜悦。"

弗兰肯斯坦花费了近两年时间才将心绪稳定下来,接着他便计划回到故乡日内瓦去看望家人。弗兰肯斯坦在表述时,将这两年时间一笔带过,并未提到那怪物,我们读者可能会猜想他心头的创伤已充分愈合，也重获了健康。然而不久，他父亲的一封信打破了平静：弗兰肯斯坦的幼弟威廉遭人谋害，而“嫌犯”竟然是一家人的朋友贾斯汀·莫里兹。伤心欲绝的家人陷入了绝望，尤其是伊丽莎白，她十分自责，觉得是自己害得威廉遭此横祸——弗兰肯斯坦的父亲在信中写道：“她告诉我，就在昨天傍晚，威廉缠着她要戴那条一直由她保存的价值不菲的项链，项链的挂坠里面嵌着你母亲的肖像。如今那条嵌着肖像的项链已经不翼而飞，毫无疑问，凶手一定是见财起意，才杀害了威廉。”那条项链后来在贾斯汀的衣袋里被发现。我们（和沃尔顿）听了弗兰肯斯坦的叙述，不禁会想，他那压抑了两年的痛楚和伤疤此时恐怕又一次被“凶手”贾斯汀揭开了。

从叙述中可以看出，这可怕的命案着实打击了维克多·弗兰肯斯坦，揭开了他心底的伤疤，也使这曾经快乐的一家子蒙上了阴影。一家人谁也不敢相信凶手是贾斯汀，但那项链确实出现在她身上；尽管这证据并不充分，但足以使她受到指控。维克多带着满腹犹疑返回了故乡。

然而对维克多而言，他再不能真正地“回家”了，他自己也明白这一点。途中，维克多来到环绕着日内瓦的勃朗峰，决定在探望家人以前，去看看“可怜的威廉被杀害的地方”。他重返命案现场——这命案的始作俑者归根结底还是他自己。维克多到了那儿，雷电交加、携着暴风雨的天空竟使他情绪激昂；他似乎产生了幻觉——天空中那壮怀激烈的情景仿佛是为了他亲爱的天使威廉而上演，他疾呼：“这是你的葬礼，这是你的挽歌！”那一瞬间，他像是发了狂，但当他看向黑暗处，突然看见“一个身影从附近的树丛里面鬼鬼祟祟地走了出来”；那身影“十分丑陋，简直不像人样”。接着他很快意识到杀害弟弟的凶手不是贾斯汀，而是这个身影（正是他创造的怪物）：“他是杀害威廉的凶手——这个想法刚在我大脑中一闪而过，我就确信无疑。”

我们或许会认为他是冲动之下作出这个结论，但抛开贾斯汀的“犯罪证据”，我们也会相信这个结论毋庸置疑——犯下这桩可怕命案的不是贾斯汀，而是怪物。我们还应注意到，此时维克多又被往昔的苦痛卷入其中。因为他知道他亲手造出来的怪物的存在，所以较之任何显而易见的“证据”，他都更能揭示这命案的真相。不同于司法作出的推断，维克多的判断是这样的:“这不就相当于我自己成为吸血的恶魔一样吗?不就相当于我自己的灵魂被从坟墓中放出来,然后去残害所有我最亲密的人一样吗?”若犯下罪孽的当真是那怪物,那么作为它的创造者,维克多的灵魂就如同“从坟墓中放出来”一般邪恶——这是他的创痛,是他难以妥协的怪诞;那怪物同时也是他自己。

在这为极度的恐惧所笼罩的一刻,维克多不禁陷入绝望。当他在命案现场看到那象征着他的耻辱和痛苦回忆的怪物时,他只字难言,接着又好像沉入了幻想。此刻,他对沃尔顿说道:“我心里非常明白,要是别人告诉我这样一个故事,我肯定会以为他神经错乱了。”我们或许可以认为他是蒙蔽了自我,因而对真相保持缄默,以致造成了可怕的后果(贾斯汀被判了死刑)。但如果他当时作了坦白,结果会不会有所不同呢?维克多认为那怪物“动物般的特性”会使所有的追捕都白费。他创造出的这个怪物超出人类所能理解的限度。

维克多在当时所遭受的痛苦是毋庸置疑的,但对我们而言更为直观的是他的语言所表现出的紧张氛围。这种暗含在叙述当中的紧张感使得我们(包括沃尔顿)都陷入到了进退两难的境地。通过维克多的讲述,我们可以认识他,同时他也能够认识自我,并找到自己在周遭世界中的定位——他自己就是那怪物,那怪物亦是他本身;然而去抓捕这怪物可能招致死亡,最大的可能是无功而返,因为它能依靠“动物般的特性”逃脱所有追捕。

贾斯汀被处死后,弗兰肯斯坦一家仿佛成了“哀丧之家”。为了平复伤痛,一家人搬到了郊区。维克多则独自一人去攀勃朗峰附近的蒙坦弗特峰。他对沃尔顿这么描述道:“我的心灵原本充满忧伤,但是现在却感到一丝欢欣雀跃,我禁不住大声宣告:‘飘荡的精灵们,若你们真的能够飞翔,那就请不要滞留在狭窄的温床,就让我得见真容吧;不然你就把我作为你的伴侣,带我远离生命的欢乐吧。’”

维克多的呼喊就像前一次一样,招来了那怪物。它穿过冰川而来,二人第一次进行了直接对话,但维克多的话语间并无父亲般的关怀,有的只是“满腔的愤慨和轻蔑”。他被怪物纠缠至今,态度如此鄙夷也是意料之中。维克多现下心中仅存复仇的欲念,不愿反思自己的错处;他此刻就像是愤怒的上帝，欲要惩处自己犯下错误的“坏孩子”。

“魔鬼！”维克多这般称那怪物。“毒虫”“残忍的凶手”——维克多的一系列称呼可以轻而易举地引发怪物更可怕的残忍行径。但相反，这魔鬼的回应并不是暴力，而是运用他从自己的经历中反思出的知识，有理有据地和维克多抗辩。读者仅仅知道他被创造、被遗弃的过程以及犯下的罪行，但不知道这期间他究竟有何经历；不过现在，我们至少了解到他也有自己的故事。怪物能言语，能思考，他对维克多说道：

> 我早就料到你会这样对我。所有的人都憎恨悲惨不幸的人。而我是万物之中最不幸的，那么当然我会被人憎恨！而你，我的创造者，如此讨厌和蔑视你创造出来的生命。我们其实是拴在一条绳上，休戚相关的，除非我们当中任何一个死掉，我们的关系才算完。

怪物知道自己是“不幸的”，但他所期盼的并不是维克多的同情，而是作为创造者的责任感。他希望同维克多建立起契约般的关系，这种关系受制于义务而非血缘。怪物对维克多说道：“我应该是你的‘亚当’啊。但是现在我却像一个被贬谪的天使，无缘无故被你剥夺了快乐……我本性也是仁慈、善良的，都是痛苦让我变成了恶魔。请你让我获得幸福吧，这样我就会重新变得品德高尚。”

怪物的“不幸”是复杂且意义不明的，就怪物本身这个谜团而言只能引起更多的疑问，却得不到解答。怪物的“不幸”是否同亚当一般——焦虑、孤独且充满矛盾？或者他更像是“堕落的天使”——反叛、暴躁、不服从，但未丧失仁慈和美德？又或是更像恶魔——不仅“邪恶”，而且“丑陋”？

贾斯汀·莫里兹在被指控时，也认为自己是“不幸的”，因为所有人都不相信她，认为她有罪；以至于她在不知不觉间将他人的故事内化了，相信自己就是杀人的凶手。这种想法颠覆了她的世界，迫使她承认不曾犯下的罪行；全凭伊丽莎白和维克多的支持才使她不致完全毁灭和发狂。那时，贾斯汀对伊丽莎白这样说道：“对于像我这样不幸的人来说，别人给予我的深厚情谊就更加珍贵了。现在我已经觉得好受多了。我至少还有你，亲爱的小姐，和你的堂兄，相信我是清白的，我觉得我现在也可以死而无憾了。”

但怪物与贾斯汀不同，没有人支持他。我们可作猜想：如果有人了解怪物与生俱来的善良本性及他同人类社会的联系，那么怪物就能够摆脱不幸，不再被他人视做是丑陋和怪异的。然而所有看到他的人都无一例外地畏缩了，他们只能看到怪物显而易见的丑陋；无论是威廉还是沃尔顿，人们都觉得怪物十分古怪，不属于人类社会，超出了人类的语言和理解范畴。

倘若维克多（或其他人）愿意拥抱这个被视做异类的怪物，他能否被人们接受呢？或者这是否意味着世间的某处总会有这样一个为人类所不能接受的“怪物”存在呢？弗兰肯斯坦通过讲述提出了这些问题，却无法解答——而这更说明了矛盾的存在。同其他叙事一样，这个故事并未多作解答，而只是提出种种问题，使我们置身其中，激发我们去探究的渴望。

彼得·布鲁克斯是《弗兰肯斯坦》的最佳读者，他有着同样的看法，尤其相信怪物渴望的是我们所共有的渴望：用雅克·拉康的话来说就是“他者的欲望”（Brooks, 199－220）。怪物对弗兰肯斯坦提出了伦理诉求，就像弗兰肯斯坦对沃尔顿（及我们）做的一样——他需要一个倾听者（也是他应得的）。怪物希望通过自己的故事来使弗兰肯斯坦相信，他们是紧密联系的，他们的欲望都需要在他者的欲望中找到意义。即便他们是不同的，但仍有共通点——长相不同，但说着同样的语言；经历不同，但都是“语言生物”——他渴望获得认同。

怪物请求弗兰肯斯坦听听他的故事，出于对他的好奇和同情，弗兰肯斯坦“答应了他的请求”。然而怪物接下来提出的要求是任何人都难以实现的，对此布鲁克斯说：“说话者的终极欲望就是‘他者的欲望’。换句话说，说话主体本身是‘被渴望的’。怪物潜意识中的欲望首先是无条件的倾听、认同以及父母之爱。他极端的行为只能转移到‘母亲’身上，然而这一点却不能实现。原因之一是法则约束，而最根本的原因则是这个‘母亲’不曾存在过。”（Brooks, 210）这怪物无名又无母，所以希望得到一个同伴。若他是第二个亚当，那么他就需要第二个夏娃。然而倘若这一要求得到了满足，他是否就会止步于此呢？

我们接下来就会听到怪物的故事，这个故事似乎是维克多故事的“内幕”——是维克多故事的潜在层面。

维克多在自己的故事开头提到了童年的时光，类似的，怪物讲述了他在自然中的成长过程，讲到了他的痛楚和愉悦、被抛弃的时候和快乐的时光。怪物故事的中心是德拉赛一家人，他观察着这一家人的生活，从中学到了语言和阅读，也感受到了家人之间的亲情纽带。

听了他的故事，我们很难不去重视怪物——他观察着德拉赛家庭的生活，追求文学（偷偷看书），对自身的认识也越发深刻。

接着，我们便同怪物一道从对德拉赛家庭的观察转而同他们互动。德拉赛家的老父亲是一位盲人，是一家子中最先与怪物接触的，他起初对怪物十分友善。当怪物同老人独处，并表示担心自己会“永远被这个世界遗弃”时，老人和善地鼓励了他：

> 别灰心丧气，没有朋友确实非常不幸。但是人类的心胸只要不受个人私利的片面影响，还是会充满兄弟之情和仁慈友善的。所以，你应该抱有希望，如果你的那些朋友确实是善良可亲的，那就不用绝望。

然而世事无常，老人的话很快便结束了，因为老人年轻的家人们突然间冲了进来。他们看到了老人无法看到的情形（怪物的样貌），于是迅速而猛烈地向怪物发起了攻击。再没有更多的谈话（也没有语言可以形容那一刻），怪物被迫逃回了棚子，被永远地斩断了同这一家人的联系。看起来人类的语言似乎被“现实生活”中的种种意外所阻隔。我们从这叙事中感到羞愧，因为这些角色存在缺陷（不分青红皂白攻击了怪物），也产生了对怪物的同情。怪物叙述中的紧张感和双重性使读者产生了些许欲望，尽管我们明白摆脱这种由怪物诞生所带来的困境几乎是不可能的。文学叙事所展现和描绘的这种复杂的人类之谜是无法轻易解开的。

经过这一系列事件，怪物最终被德拉赛一家驱逐了，于是他决定去寻找自己的父亲。他对维克多说道："你是我的父亲，我的创造者，我与其向别人乞怜，还不如向给我生命的创造者求情啊！"怪物在维克多的故乡日内瓦碰上了一个天真的小男孩儿，便想同他交朋友。男孩儿见了怪物可怕的样子，立刻喊道："丑八怪！放开我……你想吃掉我，放开我，我就去告诉我爸爸。"

这个男孩儿就是弗兰肯斯坦的弟弟威廉，因为他提到了"弗兰肯斯坦"，怪物立刻就展开了复仇。怪物可以算做威廉的叔叔（甚至于比叔叔更"亲"，就像伊丽莎白同弗兰肯斯坦比亲兄妹还"亲"），然而怪物此前的经历使他不顾家庭的纽带（而杀了威廉）。他注意到那死去的男孩儿的胸前有"什么东西闪闪发亮"，取下一看发现"是一位非常可爱的女士的肖像"。事实上，我们已经知道这位"可爱的女士"是谁了——她是一位母亲，是那男孩儿的孕育者，也是此刻苦苦纠缠弗兰肯斯坦和怪物的心伤的源头。对怪物而言，这肖像只能提醒他无法得到的应有的关爱，证明他的存在无比荒诞。怪物因而怒火中烧，冲动之下拿走了肖像；他没有摧毁它，而将它藏在了一个年轻女子（即贾斯汀）的衣袋中。

怪物的故事打动了维克多，维克多的情绪跌宕起伏，既怜悯怪物，同时也担心自己若是出于同情满足了怪物的要求（创造一个女性同类做伴），会导致更大的灾祸。

我们读者同样也体会着语言叙事的起起落落；随着故事的展开，我们感性的一面使得我们心生怜悯，同时也希望得到一个定论。我们同维克多、怪物一样，都是脆弱的肉体凡胎，希望在世界中找寻到自己的意义和定位，借助语言找到自己的目标和方向。叙事驱使着我们进一步发问：维克多是否应该给怪物造出女性同类？一个肉体凡胎应当探索多远？维克多该如何逃脱这进退两难的境地？

回答这些问题就意味着作出决断，而决断的终极结局就是死亡，也就是停止与世界对话。但故事不同于死亡，它们能使我们重归并渴望继续自己的生活。我们被故事深深吸引，渴望继续读下去，继续这种对话。

维克多为怪物的故事所触动。他在《弗兰肯斯坦》的第三和最后一部分中更加详尽地为沃尔顿(和我们)讲述了自己的经历,这将是他向听众们展现自己人生意义的最后机会。

维克多说他将迎娶伊丽莎白,他说:“我未来的希望和前途,全都寄托在我和她的结合上。”他们将在故乡日内瓦,在家人和朋友们的祝福中完婚。但首先,他必须实现自己的另一个“承诺”——给怪物创造一个女性同类。维克多不想把真相告诉父亲,便说他要在结婚以前外出旅游两年以修养身心。他将秘密埋藏心底,对伊丽莎白和怪物都许下了承诺。他成了自己的创造成果的奴隶,再也没能重温同伊丽莎白间的美好感情。

维克多动身出发,挚友伙伴克莱瓦尔的同行使他在旅途中获得了暂时的快乐。维克多到了伦敦,便着手收集创造工作所需的资料和工具。克莱瓦尔无疑是个好伙伴,他“天生就是大自然塑造的诗人”,他的“灵魂燃烧着火般的热情”。克莱瓦尔不同于弗兰肯斯坦,他仅凭自身,无需借助任何手段,便能认识自然世界,并在脑海中加以描绘。克莱瓦尔借助对话、文学以及语言想象来扩大自己的视野。克莱瓦尔象征着维克多善良的一面,而怪物则象征着维克多悲惨的结局。

最终,维克多前往北方的“奥克尼郡一个最为偏远的地区”,那儿荒无人烟,同他在大学中的实验室一样凄惨。怪物的隐匿、环境的局限和心神不宁都在折磨着维克多,他不禁开始审视自己的创造以及这次创造可能造成的影响:“我被那个怪物的巧舌如簧所打动……现在,我第一次发现自己对那个怪物的承诺竟是那么卑鄙无耻。”维克多的这般想法又一次引来了怪物。维克多见那怪物正在窗外(同时也在他心中),“一下子把那个半成品撕了个粉碎”。怪物离开了,但不久就如盘旋不去的噩梦一般回来了,这一次他决意复仇:“我会在你的新婚之夜来找你的。”维克多明白,自己的命运已经注定了。

怪物的诅咒预示了维克多婚姻与家庭的毁灭,他的生活因此也愈发苦难了起来;所有的界限都模糊了——幻想与现实、自我和他人、语言叙事和“现实生活”——它们交织在一起,变得一团糟。睡眠、双份的鸦片都不能使维克多平静下来:似乎真相只能产生于叙述之中——在维克多讲述故事之前,他的生活全都只是幻想。

怪物没有母亲，现在又“丧失”了父亲（父与子成了仇人）。怪物没有获得异性同类的希望了，他没了未来。作为肉体凡胎，无论是人类还是别的什么，他的处境已经明晰了：他陷入了地狱一般的坟墓——无尽的“现在”。他已经再没有什么可以失去了，这具危险的“尸体”唯有在大地上游荡。

维克多又如何呢？当他从睡梦中醒来，发现自己回到了文明社会，但挚友克莱瓦尔惨遭杀害，自己竟成了疑犯。这桩命案并非他一手造成，但维克多明白自己逃脱不了罪责。维克多因此锒铛入狱，精神狂乱中他不禁为克莱瓦尔、贾斯汀和威廉的死而深感自责。但维克多父亲的来访使他无罪释放了（同贾斯汀的案件相比十分讽刺），这使他仿佛又一次“从梦中醒来”。为期两个月的监禁结束了，维克多回到了家中，开始准备婚礼。

从表面上看，一切似乎暂归平静。维克多与怪物不同，现在他似乎有了新的可以探索的领域——爱情为“现实生活”带来的希冀。但维克多告诉沃尔顿，表面的平静之下实则暗潮汹涌——他的“现实生活”变成了活生生的地狱：“对我来说，我不管是住在监狱里，还是住在皇宫里，我的生活都一样让人厌恶。我生活的这杯酒被人投下了永不能除去的毒药。虽然太阳照耀着普天下幸福欢乐的人们，也同样照在我的身上，可我除了看到一层浓厚、可怕的黑雾之外，别的什么也看不到。”维克多深入自然、探究生命之谜的旅程终止了，只因那怪物强烈的敌视，他迷惘了，行将就木，仿若一具行尸走肉。

怪物对婚礼的诅咒如何了呢？他这吸血的怪物（维克多先前这么称呼他）需要血液，但他的诅咒——“我会在你的新婚之夜来找你”——并不是针对维克多本人（这一点与维克多的猜测不同），而是针对伊丽莎白。伊丽莎白是慈悲的，就像维克多的母亲一般，她愿意为维克多献出生命。她在给挚爱的维克多的信中坦露良多，表露自己对婚礼的渴望。尽管她十分渴望嫁给维克多，但唯有维克多快乐时她才会感到快乐：“我向你坦白，我的朋友，我爱你，在我关于未来的幻想之中，你始终是我形影不离的朋友和伴侣。但是我期盼你也能获得幸福，就像我对自己的期待一样，所以我可以告诉你，除非与我结婚完全是出于你的自愿，否则我们的婚姻将使我陷入永远的痛苦之中。”怪物或许就是想要从维克多那儿剥夺这毫无条件的爱。然而维克多却相信这诅咒是针对他自己的，这似乎也表明了他的傲慢和执迷不悟。

无条件的爱象征的就是天堂，是夫妇间的浪漫关系——它是亚当和夏娃的梦想，是生命之树，是上帝将亚当夫妇逐出伊甸园的原因。这爱能够战胜死亡，战胜生命中的苦痛。但维克多的叙述并不为此，而是为了讲述他的噩梦。维克多是骄傲的，他相信同伊丽莎白结婚能够使她免遭怪物毒手(因为他认为怪物的目标是他自己)。他相信自己若是死于婚礼，伊丽莎白就会安全。于是，他告诉父亲：“为了表妹的幸福，无论我是死是活，我都愿奉献出自己的一切。”——他这是在自欺欺人，他同怪物之间充斥着死亡、创痛的联系未曾断绝。这个故事不是浪漫故事，而是哥特式的恐怖小说。

维克多讲述自己的婚后生活，令我们得以一窥美妙的天堂——从勃朗峰之上的穹顶到清澈水中的鱼儿，世界的美好似乎遍布各处。伊丽莎白说：“多好的一天哪！大自然看起来是多么欢乐恬静啊。”然而当夜幕降临，太阳沉到了地平线上，维克多看到这情景，心中的恐惧又一次复苏了，似乎这恐惧将永远盘桓不去。

读者在这复杂的故事中处在什么位置呢？我们可作猜想，婚礼之夜不是结局，便是故事的高潮。尽管怪物的诅咒将会不可避免地实现，但婚礼本身或许是完美无憾的。如果我们够细心，会发觉维克多在同沃尔顿讲述婚礼的情形——他并未在那夜死去。尽管我们同维克多一道体验了婚礼的情形，但我们同它们之间仍存在着距离，因为维克多的故事是经由沃尔顿转述给我们的。

我们或许还记得，维克多在刚开始叙述时，向沃尔顿表示自己已经发现了生命的规则，解开了自然的秘密以及世界诞生以前的谜团。他并不满足于此，他试图将这些如同上帝般的终极知识内化，并加以运用。然而，尽管维克多想要掌控它们，最终被掌控的却是他自身。维克多不会将这个不能说的秘密(就像上帝的名字一样)告诉沃尔顿。这秘密的起源比世间所有的故事还早。维克多后来再也没有提到过它。

我们知道，维克多的叙述尽管始于这个终极的秘密，但并不关乎它本身，而是有关维克多本人的创造——他自我的秘密。这个秘密首先是借由生活经历，接着是由对沃尔顿（和我们）的语言叙事展现的。他的叙述是对其内在本质（认识他自己）的痛苦的求索，同时他也希望同其他人（对话者们）交流自己的故事。当维克多被诬告是杀死克莱瓦尔的凶手时，在狂乱中他试图向指控者们和自己的父亲坦白秘密。但他的呼号支离破碎，被认为不过是疯子的咆哮。维克多的叙述对他个人以及我们读者来说都是至关重要的。

维克多曾向伊丽莎白许诺，要在婚礼的第二天向她坦露一个秘密（他的创造）。我们或许会想问：为什么不立刻告诉伊丽莎白呢？但这个延迟着实符合维克多的作风。显然，他更希望在同伊丽莎白完婚以前，解决与怪物之间的纷争："我早已打定主意，决不轻易放弃生机，要是不和我的死对头拼个你死我活，决不轻易退缩。"

为了保护伊丽莎白，维克多建议她回到卧房中去，她照做了。接着，维克多四处搜寻怪物，希望使伊丽莎白免遭残害。但他是否又在自欺欺人呢？他留下伊丽莎白一人，独自去找怪物，他为何这么做？我们还记得，怪物的诅咒并不意在婚礼典礼，而是新婚之夜；不是为了破坏夫妇间的爱，而是为了破坏二人的性接触。这怪物复杂的本性、爱欲与死欲最终导致了伊丽莎白的死亡。

文中提到的"卧房"意味着什么吗？维克多的叙述对我们解答这个问题并无太大帮助，但相关的线索已潜藏在当中了。我们知道维克多像上帝一般创造人类，这个过程打从一开始就无关乎拥有生殖能力的女性躯体，无关乎夏娃体会到的孕育之苦，这个造物也就没有母亲。存在如此缺陷的创造带来了恶果：当维克多想要亲吻伊丽莎白的嘴唇时，这个梦境变成了噩梦——眼前的伊丽莎白变做了母亲的遗体。我们知道，维克多的母亲已经故去。而怪物则既没有母亲，亦没有女性同伴。事实上，我们不难将这间婚房同某些意象关联起来——怪物诞生的那一幕、生命诞生的秘密场所、无可避免的死亡以及人类知识的界限。这间卧房并没有也不会出现在怪物的故事中，它预示着维克多的婚姻终将破灭。

维克多最初为怪物的诞生所恼，现在又被苦苦纠缠；他不会令怪物诞生的那一幕重演，也无法拥有一个象征着未来的家庭。他不会让那一幕重演，就像他不会揭露他所掌握的生命奥秘一般。维克多拯救自己的唯一机会便是讲述自己的故事，借助感性的语言描述他那膨胀过度的欲望，使听众受到感染。现在，他正倾尽全力去完成这个工作。

听到伊丽莎白的惨叫声从卧房中传出时，我们会感到震惊，但不会感到惊讶。维克多听到叫声冲进房中，发现伊丽莎白"一动不动地横卧在床上，呼吸已经停止了。她的头垂在床沿上，脸色煞白，五官已经变了形，头发披散着，遮住了半张脸"。这幅场景似与性虐待有关，暗含越界的色欲甚至是性侵犯之意，同富泽利有关肉欲的画作《噩梦》相呼应。这是怪物闯入女性躯体的文学写照，他侵犯了自然世界，就像现代科学为了探究秘密对自然所做的一样。只有当伊丽莎白变成了一具尸体；她的唇间再没了气息；她的脸被覆上了方巾——失去了人类特征——维克多才拥抱了她。这时，怪物透过开着的窗子向维克多露出狰狞的笑容，这魔鬼无声地用手指指了指伊丽莎白的尸身。

叙事重现了怪物的诅咒，维克多的故事达到了"顶点"。怪物因无法得到女性同伴便加害了伊丽莎白，同时也暴露出维克多那骨子里的自负。现在，维克多将向沃尔顿总结他那"可怕的故事"。

我们或许想知道，对于维克多来说，那故事的"可怕"是否是他借助语言叙事故意为之，或是指他生命中发生的支离破碎的无常世事，又或是指他荒诞可怕的"现实生活"。对维克多而言，"现实生活"几乎等同于他所创造的魔鬼，但维克多的故事同怪物的故事毕竟是不同的。维克多既是亦不是那怪物，无论他的故事发生与否，这便是真相。如果我们想要了解维克多，我们必须相信故事是真实的，并相信这个故事可能发生在我们身上。维克多终将死亡，但得益于他的叙述，他和怪物的故事将存留下来。他好似现代的普罗米修斯，将故事作为礼物赠予我们，因而我们(和沃尔顿)有义务去了解这个故事。

在可怕的新婚之夜过后，维克多返回故乡日内瓦他的父亲以及欧内斯特身边。但他余下的家人已不足以支撑他的内心了——他精神错乱了，执意复仇，希望当地的治安官能听听他的遭遇："这的确是个非常离奇的故事，以至于我都要担心你会怀疑这件事的真实性，可是这确实千真万确，没有半点虚言。"不同于维克多的造物那扭曲的身体和超出人类理解范畴的怪异，他所讲述的故事中这一系列的事件不是幻觉，而是关乎他本身的真相，渴望获得他人的理解。现在他人也能听到这个故事并作出解读了。

然而治安官回绝了追捕凶犯的请求，维克多自此便被复仇的怒火吞噬了，他四处流浪，追捕那无名的怪物。他不再寄望于法律（也因为父亲死去而绝望），他变成了一个旁观的哀悼者，周遭盘桓着只能感受而不可见的"死者的灵魂"。维克多除却残存的一些人类情感已一无所有，变做了自己一手造成的地狱中的邪恶生灵。他眼下被自己所制造的噩梦所驱使，再不能理解过去所经历的东西。

维克多追捕着怪物，而怪物一直领先于维克多，二人一前一后向遥远的北方去了，直到了地理和人类心理上的双重边界。我们也一同到了这儿，这里便是《弗兰肯斯坦》开头沃尔顿在信中向姐姐提到的地方。我们又回到了沃尔顿的船上（事实上我们从未离开过），维克多的故事开始于此，也将终结于此。

维克多花费了一周时间向沃尔顿讲述自己的故事，没有同怪物斗争，这使得他获得了更有意义的胜利。沃尔顿仔细地倾听并信服了，但更多的是因为证据（德拉赛家的信以及早先在船上看到的怪物的身影），而非因为故事本身。但就像沃尔顿在给姐姐的信中写到的那样，维克多的胜利为他展现了崭新的可能性："他的故事丝丝入扣，讲得明明白白，似乎是在叙述一个最简单不过的真实情况。"弗兰肯斯坦拒绝透露"创造这个怪物的具体细节"，但沃尔顿并不怀疑怪物的存在，更重要的是他并不怀疑维克多的故事。维克多的故事成了两人之间的一个契约，一个维克多希望沃尔顿将之"传给后世"的承诺。尽管维克多认为他所说的是一个"可怕的故事"，但现在他似乎使这故事升华了。沃尔顿向姐姐这么描述道："他似乎清楚自己的人生价值，因为意识到自己的毁灭将会给我们带来的巨大损失。"

维克多并没有死于同怪物的战斗中，而是即将因虚弱和疲劳死在船上，他的复仇终究没有实现。此时，沃尔顿也陷入两难的境地，得作出决定是继续向北航行实现理想，还是同船员一道向南归乡。维克多最后为他提出的建议也同维克多自己的人生一般十分矛盾。一方面，维克多鼓励沃尔顿和船员继续前行以达成目标："噢！做个男子汉，而且做个勇敢的男子汉吧……别让你们的脸上带着耻辱的烙印返回家园，要作为经过战斗洗礼的英雄——从未在敌人面前临阵脱逃的英雄凯旋。"另一方面，维克多却希望他们追求幸福，追寻同家人朋友相处一处的亲近而美满的生活："你要保持平和的心境，知足常乐，千万别雄心勃勃，即便是那种试图在科学发明中出人头地的毫无害处的念头也要不得。"这种矛盾正是《弗兰肯斯坦》想要表达却无法解决的。

维克多死去了，他是探求复杂而矛盾的人类身份的一个例子。维克多并未教会人们什么，尽管他声称如此；他的故事比起答案反倒是提出了更多的问题。就像小说本身一样，维克多成了一个使得对话得以维系的谜团。

维克多死后，怪物来到船上，他（在沃尔顿叙述中）将最后一次发声。看到自己的父亲维克多已经故去，怪物恳求原谅，并对沃尔顿讲述了维克多故事中并未强调的部分。怪物问沃尔顿："你真的以为我听到克莱瓦尔的呻吟声会像听音乐那样美妙吗？我这颗心生来便渴望爱，渴望同情。"但怪物被这充满怜悯和同情的世界驱逐了，（怪物自述）便成了冲动的奴隶。同维克多一样，怪物也是一个未解的谜团；这个可怜虫没有名字，却能讲述自己的故事。我们对他心生怜悯，但同时也对他可怕的暴力行径产生厌恶。毫无疑问，他是不同于我们的"他者"，但他是否就是我们的局限所在，故事又是否会给出一个关于他的论断呢？我们或许能在维克多的故事中发现自己的影子，而怪物的故事尽管详尽，我们却难能从中找到共鸣；或许是因为怪物的故事超出了我们所能了解和承受的界限。怪物评价维克多故事中对自己的行为的描述时说："……他在对你说起这些详细情况时，不可能概括我如何在凄惨的境遇中苦熬岁月，如何遭受无以慰藉的欲望的折磨……我仍然渴望获得爱和友情，可我始终被人类唾弃。"

最终,沃尔顿同他的船员一道往南返乡去了;而怪物则跳出了舷窗,“被海浪卷走,消失在远方茫茫的黑夜中”。我们或许想要知道这其中是否存在着中庸的选择,但这一点依旧未能得到解答,而是成了又一个疑问。爱与欲推动着我们前进或后退,在时间的洪流中浮浮沉沉。玛丽·雪莱明白这一点,但她更希望我们思考的是:人类应当探索多远?

4 爱丽丝梦游仙境

《爱丽丝梦游仙境》的趣味之一便是它展现了人类对知识的求索过程——这个从无知到有知的过程是快乐的，同时也无可避免地与语言及行为产生关联。作者刘易斯·卡罗尔本身十分喜爱文字游戏和数字游戏，这为我们的阅读体验增添了趣味；同时，卡罗尔对于语言的本质，以及语言和人的理解能力之间的关系，也有着深刻的认识。刘易斯·卡罗尔通过《爱丽丝梦游仙境》表明语言与“现实生活”、语言叙事和偶发事件、隐喻功能和随机事件，两两之间存在着辩证关系，彼此交汇、碰撞，但保持着泾渭分明，就像上帝语言同人类语言之间存在着永恒差异一般。温迪·斯坦纳认为理解这本小说的途径之一是要借助“语言控制着现实和现实语言”(Steiner, 107)这一观点。自然世界同语言叙事(所呈现出来的世界)并非全然相同；但人类若想认识自我，这二者缺一不可。爱丽丝的仙境之旅就当从这个方面来解读——追寻真理应当置身于时间洪流，而不能脱离时间，同时应当借助与自然世界存在辩证关系的语言来实现这种追寻。爱丽丝的故事就是我们的故事；同《爱丽丝梦游仙境》的对话过程，就是我们和爱丽丝一同游历仙境的过程。让我们和爱丽丝、白兔一起进入兔子洞游玩一番吧。

我们初见爱丽丝时，她已经厌倦了平淡的生活。她瞧了瞧姐姐正在阅读的书，发现它看起来既乏味又抽象，毫不感性——既没有人声(对话)也没有富有想象力的画面(插图)。爱丽丝想：“要是一本书里没有插图和对话的话，那还有什么用呢？”爱丽丝同姐姐坐在室外，对她而言，身旁的小雏菊都太过平淡，无法满足她那颗年轻而好奇的心。爱丽丝和我们一样，都需要一场冒险或是一个故事来振奋精神。

这时，平静突然被一只奔跑的白兔打破了。爱丽丝跟上了白兔，开始了她的冒险之旅。白兔这个形象同伊甸园中的蛇有着异曲同工之妙，他会言语："噢，天啊！噢，我的老天！我太迟了！"白兔穿着马甲，用手表确认着时间，是出现在爱丽丝平淡生活中的一个惊喜。爱丽丝追上兔子，我们也一同前往。

故事一开始，我们比一股子冲劲儿、天真无邪的爱丽丝（对世界）有着更多的了解。爱丽丝见白兔在前方跑着，但很快就进入一个黑黝黝的洞里，不见了。爱丽丝追着白兔，掉进了一个"像是深井"的地洞里，我们也一同下落，仿佛进入了一个梦幻世界——四周的井壁摆着碗橱和书架，甚至还有一个标着"橘子酱"的空罐子。我们同爱丽丝一样，不禁会想，倘若就这么一直跌落下去，我们是否会穿到地球的另一边呢？

语言并不能停止爱丽丝的坠落，但能够帮助她在下落的过程中稳定心绪——她先是想起了课上学过的"经度"和"纬度"，在她看来这些词"说起来很时髦"，尽管眼下帮不上什么忙，但它们从心理上暂时给了她一些支持。接着她又想象同地面上的人们的对话，还想到了她最爱的猫蒂娜。语言支撑着爱丽丝，直到她掉在了"一堆枯枝败叶"上，总算"到底儿"了——爱丽丝来到了仙境。

这般坠落到未知的世界令人天旋地转，变得迷惑。爱丽丝如今身处地下世界的黑暗之中，思维却并未受损；爱丽丝还记得地上的事，她的语言使她还保有同地上世界的关联感。爱丽丝刚到仙境，对这儿的环境和四伏的危险一无所知，是语言帮了她——至少是在她超出语言的界限以前，因为一旦超出了界限就可能遭遇致命的危险。她的下落并不是永恒的，这象征着她的语言同样存在界限。故事的叙述者既不会令爱丽丝死亡，亦不会令她永恒下落；因为他并不是在讲述一个悲剧，而是慢条斯理地讲述一个天真无邪的故事，一个关于小女孩在经历和遭遇中不断成长的故事。爱丽丝现在正处在这个过程的开端，而不是结局；她的旅程关乎成长，而非死亡。

从故事中我们知道了，对爱丽丝来说，"几乎没有什么事是百分之百不可能的"，这种无限的可能性正是爱丽丝的魅力和魔力所在。不多时，爱丽丝欣喜地发现了一把能够让她离开黑暗的大厅、进入一条狭小通道的金钥匙；她看见通道另一边是一个极为美丽的花园，花园里满是鲜花和流泉。然而那通道太小，爱丽丝连头都进不去，但她相信自己能够(变小)通过那儿，只要“知道变的方法就行了”。

爱丽丝对于自然世界的诞生之谜并不好奇；她感兴趣的是“现实生活”，是她能够亲身体验并作出解读的各种事件。爱丽丝希望能够将它们一一体验，这样才能如她后来所说，成为一个“受人尊敬的人”。

因此，爱丽丝选择去冒险，去体验那些闻所未闻的东西，但她还远不能理解语言同冒险遭遇之间的联系。这时，爱丽丝找到了一个标着“喝我”的瓶子，她检查了一下，看看上面“是否标着‘毒药’”；在发现上面并没有毒药标识之后，爱丽丝喝光了它。但事实上，“毒药”标示存在与否并不能证明瓶中的液体是否安全，就像深井中标着“橘子酱”的瓶子中并没有橘子酱一样。

语言同事物不同，无法承载绝对真理，但它们能够与事物及自然世界中的种种事件相互关联；它们能够为我们的现实生活提供指引，为生活赋予意义——爱丽丝似乎是明白这一点的；她不明白的是，她应当先将自己的语言内化，尔后发声。爱丽丝很天真，她十分乐意采用已经存在的语言，既不加以思考，也不将其内化。爱丽丝需要讲述自己的经历，如此来认识自己作为独立个体和社会个体的本质。这时(仍处于旅程之初)，随着爱丽丝的身心都经历了戏剧性的波动，她的“好奇心越发增长”，于是开始探究自己的身份，而这个危险的过程需要勇气和自信来维继。

“让我想想看：我早晨起来时一切正常吗？我想起来了，早晨就觉得有点不对头。但是，要是我不是自己的话，接下来的问题是，‘我能是谁呢？’唉！这可真是个谜啊！”

在思考这个问题的过程中，爱丽丝发觉自己与他人既存在相似之处，也存在差异，而这些不同在很大程度上是借由语言来区分的；但这些“似”或“不同”就像爱丽丝的旅程一样，似乎总在变换。这时，爱丽丝感到些许困惑：“……她的声音嘶哑、古怪，吐字也和平时不一样。”

仙境是一个奇怪的地方，同爱丽丝生活的地上世界全然不同。当她开始思考语言以及地上的人们(即便是她不太喜欢的玛贝尔)时，才感到舒坦，重新找回了安全感。爱丽丝认识也了解这些人们，对于地下世界，她却一无所知；即便如此，这儿也是她（经历中）的一部分，因而吸引着她，激发了她的好奇心。对地下世界的陌生感令爱丽丝感到孤独，将她与地上世界割裂开来。因此当爱丽丝身陷身份危机之中渴求重回地上世界时，我们并不会感到诧异："我真想让他们来叫我上去呀！我实在不愿意一个人孤零零地呆在这儿了！"

我们现在明白了，爱丽丝需要不停地随着境况变换语言，就像她需要随着不同的环境变更行为一般。幸运的是，爱丽丝熟悉语言，她所遇到的生物同样如此；这种彼此共通的熟悉感令爱丽丝同生物们建立了联系，因而成功地将陌生感转化为归属感。然而当语言到了极限，以至于再多一步便会崩坍，对话就将变得难以继续。这时候，我们便同爱丽丝一样紧张起来。温迪·斯坦纳如此评价道："（爱丽丝旅程中的这种紧张时刻）意味着在对死亡和终极秘密的求索中，（我们）已经到达了思想的边界，无论是从逻辑上来看，还是从存在上来看。"(Steiner, 130)

语言和生存体验都是人类身份的重要维度，爱丽丝需要知道的是二者之间的相似点和不同点。脱离体验的语言是没有意义的，反之亦然，这一点对塑造故事的语言来说尤为重要。但爱丽丝时常将二者混为一谈。爱丽丝遇到了一只老鼠，老鼠向她讲述自己的故事，但爱丽丝并不明白它的意思；因为她只是直观地去理解，而没能弄明白其中的隐喻意义。如果爱丽丝明白老鼠说的只是"一个故事"，而非"他（指老鼠）的故事"，那么这个故事就能够唤起新的故事、进一步的交谈与对话。老鼠的故事最终将随着他的死亡而被众人遗忘，这不仅仅是因为老鼠是物质世界中的肉体凡胎——有限的生命注定了故事无法被永远传唱——同时也是因为爱丽丝无法借由语言将这个故事内化并再次分享。

不过爱丽丝本身关注的并不是故事的结局，而是开头，这种由语言承载的直觉性的知识能够激发欲望，创造新的意义。爱丽丝见证的动物们的"核心会议式赛跑"既无开头也无结尾，因而她无法从中明白任何意义（谁能呢？）。她应当写一本书讲述自己的故事，但她并不知道自己有能力做到这一点——"应该有一本写我的书，应该有一本！"当她发现自己正身处过去从不相信的童话故事中时，这样说道："等我长大了，我要写一本——可我现在已经长大了啊。"爱丽丝觉得只有大人才能讲述世界中的种种，赋予生命体验以意义。而这时候的她似乎只有身体成长了，心智却比不得大人。语言就像爱丽丝在仙境中的奇遇一样令人迷惑不解。

语言与身体(同时也是声音与尘土之间)的辩证联系会无可避免地带来一种倒退，我们永远不能成为我们所希望成为或者似乎会成为的样子。这一点对于爱丽丝来说尤为正确。一只坐在蘑菇顶端的蓝色毛毛虫问爱丽丝："你是谁?"爱丽丝的回答并不出乎我们的意料，她说："我——我眼下也说不上来，先生——今天起床时，我至少还知道我是谁呐，不过从那时起，我想我已经变了好几回啦。"我们很难知道到底是吸着水烟袋的毛毛虫产生了幻觉，还是爱丽丝自己产生了幻觉。作为读者，我们所知道的是爱丽丝心中的困惑和陌生感正持续增长。如果她的思想(也同身体一道)成长了，那么她并未表现出一丁点儿迹象；倘若成长了，她应当相信自己，也该知道语言是能够为自己作出解答和指引的。她对毛毛虫这么说道："我恐怕，我没法解释自己，先生。因为，你瞧，我已经不是我自己啦。"对爱丽丝而言，困难之处在于她无法从自己混乱无序的遭遇中提炼出意义，她需要找到适合自己的叙述方式。

尽管爱丽丝依旧天真且缺乏自信，但这并不妨碍她继续前行，直至遇见蓝色毛毛虫。从某种意义上来看，毛毛虫的声音既像是来自外界，也像是来自爱丽丝内心——这一点并不奇怪，因为我们在故事前期就知道"这个奇妙的小家伙(爱丽丝)很喜欢将自己扮成两个人"。当毛毛虫告诉爱丽丝有关蘑菇的秘密，说它"一边会使你长高，另一边会使你变矮"时，他的话语是碎片化的，似乎毫无意义，也与物质世界并无关联；但爱丽丝似乎已经消化和理解了毛毛虫空中楼阁般的话语，并试着践行它。

"什么东西的一边，什么东西的另一边?"爱丽丝心想。"蘑菇，"毛毛虫说，仿佛是听到了爱丽丝的心里话；说完，不多会儿，毛毛虫就消失得无影无踪了。

爱丽丝似乎准备重新解读毛毛虫的"幻觉"，想用自己的方式赋予它意义。当然,因为蘑菇是圆的,如果没有人来分辨,它始终不会拥有“边”的分别。这有些像是无始无终的“核心会议式赛跑”,除非有人述诸语言,否则它便无甚意义。但这时的爱丽丝还无法运用自己的声音来作出定义,或是将这情形完全地描述出来,于是她动用了身体(左手和右手),来给蘑菇的“边”下了定义(左边和右边)。这个动作使得她给蘑菇赋予了意义,并得以借助它的力量继续自己的旅程。

至此,爱丽丝的冒险已经过半,也越发自信起来。她离开了此前游荡的树林,进入仙境中似乎更接近文明世界的部分。但她的遭遇依旧十分离奇怪诞,四伏的危机也未曾褪去。爱丽丝想要“去(最初看到的)那个花园”,这途中她遇上了一只生气的鸽子,坚称她是一条蛇;接着又遇上了一位“抱着自己的孩子乱抛”的公爵夫人,公爵夫人喜欢大喊:“把她的头给砍了!”后来,爱丽丝遇见了会咧嘴笑的柴郡猫,她不由得、有些战战兢兢地为它取了个名字:“柴郡小猫。”她不知道柴郡猫会不会喜欢这个名字,但她希望如此。柴郡猫听了,嘴咧得更开了,表明它很高兴,爱丽丝也很是欣喜。爱丽丝取名的欲望得到了柴郡猫的回应,二者因此而产生了共鸣。

以地上世界的眼光来看,柴郡猫是十分怪异的,事实上,即使是在仙境当中,它也被看做“疯子”——因为仙境中的所有生物都是“疯的”,除了“一高兴就摇尾巴,一生气就大声叫”的狗。显然,狗的行为成了仙境中衡量正常与否的标杆。因此,从那些言论存在时起,柴郡猫就是“疯的”了。柴郡猫这么解释道:“我一高兴就大声叫,一生气就摇尾巴。所以我是疯的。”这个逻辑没有叙事的特质,是一种唯我论的思想,缺少经由语言叙事得来的个人知识。爱丽丝听了柴郡猫的这番胡话,说:“可我认为你那不是在叫,而是在打呼噜。”这显示出她正逐渐具备借助语言稳固自我的能力。

柴郡猫似乎无处不在,有着能够神秘消失和出现的能力,十分奇特。事实上,柴郡猫就是爱丽丝成长着的自我意识的一部分,同时它也是仙境世界当中的一个实体。柴郡猫带来的奇特景象是——它“带着笑脸的嘴还在,身子的其他部分消失了”——这是爱丽丝生平见过的最奇妙的事。柴郡猫的这种变化似乎是到达了所有语言的描述界限,但现在爱丽丝似乎能够自己赋予它以意义了。

仙境世界像是一个梦幻中的世界,充满了未知和偶然,与看似遵循秩序和结构的地上世界相比更是如此。但我们若是只着眼于这种差别,便难以理解爱丽丝旅程中的大部分意义,这种意义正是许多人所苦苦追寻的。生命体验本就充满了偶然与无常;借由语言叙事或是讲故事加以揭示的人类命运,对这种偶然而言是不可或缺的。当人类静止(不再试图认识自我)、挥霍时间(人类终将归于尘土的短暂生命;人类的过去感、现在感和未来感),或是摒弃人生体验同语言叙事(隐喻功能)之间的辩证关系时,疯狂和荒谬就会产生。在这个故事呈现以前,生活本身反倒比仙境更像是幻觉——“疯狂茶会”将带领爱丽丝(和我们)领会这种感觉。

爱丽丝来到“疯狂茶会”,见到了疯狂的三月兔、疯帽匠和熟睡中的睡鼠,他们的时间都停留在了“六点钟”,因为疯帽匠在这一时刻“杀死了时间”。三人围坐在茶会桌旁,不停地说着谜语;他们无限循环着这个场景(就像“核心会议式赛跑”一样),无始无终。他们被毫无意义之事困在桌子旁,无法脱身,至多能换到下一个位子上重复这个过程。他们唯一的期盼便是故事,然而当三月兔让爱丽丝说个故事时,爱丽丝答道:“我可能没有什么故事可说。”于是,睡鼠讲了一个故事,但未能让大家满意,因为这个故事和“现实生活”没有丝毫联系。

爱丽丝觉得她难以接受这种愚蠢的故事,便在这胡话造成更持久的影响以前离开了茶会。接着,她发现自己回到了旅途最初的那个狭长的大厅。在那儿,她发现“有一棵树上有一扇门,可以通往那个美丽的花园”。于是,“她对自己说道:‘这一次,我可一定不能再失败了。’说着,她又拿起了那把小小的金钥匙,打开了通向花园的那扇门。”走过小门,“她发现自己终于来到了那个梦寐以求的美丽花园,身旁满是花朵,还有清凉的泉水”。

这座花园属于仙境的王后,令我们想起亚当和夏娃曾偷吃禁果的那一处伊甸园。王后还有座槌球场,完全不合常理,其中被奉为美好的东西(红玫瑰),其实“败絮其内”(因为它们其实是些白玫瑰),只是被表面的假象遮蔽了——只因花匠们将白玫瑰涂成了红色。这些花匠还用数字自称（“老五”和“老七”）；还和伊甸园中的亚当、夏娃一样，出了岔子便互相埋怨——老五生气地责备道：“（颜料弄洒）不能怪我，是老七碰了我的胳膊。”仙境缺乏常理，贫乏得像是一副纸牌，看起来并不真实，近乎荒诞（而非天堂）。园中的玫瑰被假象掩盖了，花匠们将表面涂红只是为了取悦王后。王后的花园是种纯粹的偶然，被一种荒谬的力量所支配。幸运的是，即便如此，爱丽丝依旧没有失掉好奇心和英雄气概（她救下了将被杀头的花匠们）。

当王后质问爱丽丝：“你叫什么名字？”爱丽丝很快答道：“我叫爱丽丝。”她的话中带着一些恭敬，但同时也表露出她对自己身份的认识和定位能力越来越强。接着她又对自己说道：“这没什么可怕的，他们只是一些扑克牌。”这句话象征着爱丽丝旅途当中的一个重要转折，她接下来对王后的怒叱更是如此：“我怎么知道呢？”——她不禁为自己的大胆感到惊讶，同时意识到获取知识应当恰当而有节制。“这不关我的事。”她最后又强调道，拒绝再听王后那乏味、自我的胡话。王后的权力就同权力本身的意象一样，只是幻象，对于人类而言没有实在意义，爱丽丝开始明白这一点。

每每王后喊道：“砍掉他的头！”我们越发感到这话里言辞惨淡，缺乏意义。要使语言有意义，就要将它表达出来，且要融入真实经历，通过一些持续性的“对话”将偶然塑造成必然——“现实生活”同语言、行与知，以及身体的感性行为与叙述这种行为之间的对话。这种赋予语言以意义的过程，使得爱丽丝得以与他人建立联系，如此不仅能发现自己同他人的相似之处，也能发掘不同之处，并对自己作出判断。我们欣赏爱丽丝，因为即便是遇到危险、感到焦虑，她仍未放弃自己的旅途，这期间蕴藏着她的勇气和可称颂之处。就像温迪·斯坦纳说的那样，尽管爱丽丝一路上“被许多无稽之事所扰，经历了空间和逻辑的断层”，但她始终向前，想要做到知行合一（Steiner, 131）。爱丽丝是一个探索者，她将为了自己去整合“现实生活”中的这些无序与混乱。爱丽丝不同于其他的槌球选手（除了国王和暴戾的王后），她从未被判过监禁或是被杀头。她仍旧是天真无邪的，但她正在学着掌控自己的生活，将它变做一个美妙的领域。

后来爱丽丝遇到了半鹰半狮的怪物，它对爱丽丝说："来吧，说说你的冒险经历吧。"爱丽丝答应了，尽管她尚未成熟到能够将自己的冒险经历串联到一处，叙述成一个连贯的故事，但她还是开始讲述了："那我就说说今早开始的冒险故事，以前的故事没什么好说的了，今天我经历了完全不同的人生。"

但半鹰半狮的怪物听完了爱丽丝的叙述并不满足，他希望爱丽丝再谈谈这之前的经历。于是爱丽丝开始讲述她第一次遇到白兔的情景，在旅途中又是怎样变得越来越勇敢。当她说到初次碰上麻烦，说起那个充满了困惑和不安的时刻，她停了下来，无法将故事继续下去。于是爱丽丝便放任自己再一次屈从于法律和命令的召唤，告别怪物出发去旁听审判。

在地下世界的最后一段冒险中，爱丽丝直观地体验了法律的工作过程（审判）；我们也明白了法律的刻板会带来一些混乱和荒谬的暴力。受到审判的是红桃武士，他被指控偷走了王后的馅饼。但这个事件似乎同罪与罚、犯罪与审判并无太大关联，反倒同语言叙事和个人经验的获得关系更密切一些。

在国王的法庭上，爱丽丝的身体又疯狂地变大了；陪审团因此被搅了个七零八落，但这也使得爱丽丝随着审判的进行，变得越来越自信。爱丽丝的裙边不小心掀翻了陪审员们，害得他们爬来爬去，这情景使爱丽丝想起她之前在家时偶然打翻金鱼缸的事。爱丽丝把这两件事联系到了一块儿，她"隐约觉得如果不立即把陪审员放回席位上，他们会死去的"。爱丽丝依然没有将自己定位成一个成年人，也没有自信到能够讲述一个丰满的故事，但她对于身体和死亡有了更深刻的认识，同时也更容易对他人抱有同情心了。爱丽丝成了证人，她向在场的各位讲述了自己的故事，由此她开始加深对自己的认识，叙事能力也得到了提高。认识及能力的增长，将使她获得足以反抗暴政之下的荒谬律例的自由和决心，最终还将帮助她看清自己的命运。

国王的法庭在采纳证据时毫无章法，所以我们可能会同意斯坦纳的看法："采纳证据时毫无章法——任何东西都是相关的，也都是不相关的——如此一来，真相同审判之间的联系便荡然无存了。"（Steiner，

135)但是,即便采纳证据时有明文细则可循,这些细则依旧会用它们狭隘的逻辑去妨碍真相的获取。故事较之逻辑,总是能承载更多的内涵,而法律则总是想要掩藏人的欲望,然而故事若要寻得真相(真理)就得借助欲望。就如审判中被视做最重要的证据的这句诗所说:

> 这必须永远是个秘密。
> 也切勿告诉其他人,
> 只在你我之间。

秘密——这种隐性知识只存在你我之间(亦在读者和作者之间),徘徊不去,犹有余温。这种隐性知识的获取,不能依靠证据或是法律,而是应当借助故事,借助我们与他人分享的"现实生活"的真相,无论故事所述的内容是否真的发生在我们身上。最终,是故事引领我们走向真相。

审判快结束时,爱丽丝的身体已经变回了原来的大小,她不仅敢大声喊出"胡说八道",还发现了这个所谓文明政治的世界的原貌——不过是一连串的假象,并不存在实际内涵——就像爱丽丝说的那样:"你们只不过是一副纸牌!"

和故事里提到的种种事物一样,这副在梦境世界给爱丽丝带来恐惧和怒火的扑克牌,在地上的现实世界中并没有什么大不了——待爱丽丝枕着姐姐的腿醒来,发现它们不过是"掉落在她脸上的枯叶"。对爱丽丝而言,梦境结束并不意味着奇妙和可能的破灭,现实世界现在在她看来,反倒有了更多值得思考的东西。在她继续冒险以前,她尽可能详尽地向姐姐讲述了自己"奇怪的经历"。

姐姐为爱丽丝的故事触动,也做了一个梦,这再一次提醒我们——一个故事是必将引起另一个故事的,也为故事的深入创造了环境。显然,因为爱丽丝的姐姐倾听了爱丽丝的故事,她的梦境就"随着妹妹梦中的那些奇异动物的降临而活跃起来了"。爱丽丝故事中那些感性的细节——茶杯们的碰击声、王后的尖叫声、"猪孩子"的喷嚏声等等——为这经历增添了妙趣,同时也为姐姐指引了方向,使她产生了对未来的期待。

爱丽丝的姐姐还想象："这位小妹妹"以后将成为"一位妇女"；她会将许多关于仙境的"奇特故事"，说给"那些眼睛明亮热切的孩子"听；同他们分享"简单的烦恼和快乐"以及那"愉快的夏日时光"。对于爱丽丝的姐姐来说，这不过是个怡情的夏日故事，但事实上，这个故事会将一份天真带去未来，将那时光渲染上一份浪漫的怀旧情怀："或许就是许久以前的这个梦游奇境。"但对我们来说，爱丽丝的冒险不仅仅象征了"她童年时的纯洁善良之心"，也象征着她"长大后"的那个充满欲望与死亡的女性世界。爱丽丝的故事经由叙述者讲述的版本，内涵比她的姐姐所听到的版本更为深刻。我们并不知道爱丽丝究竟是如何同姐姐讲述自己的冒险的，我们也不知道姐姐会如何讲述自己的梦境。但我们读者较她俩而言，毕竟更为成熟，我们能够发掘这个复杂故事的多面性、偶发事件同语言叙事之间的重要关联、人生从无知到有知的旅程，以及对自我认识的不断追寻。

冒险结束了，爱丽丝依旧天真、年轻，无论有何种经历，她都保持着纯洁之心，令人钦佩。她有时刻板，甚至有些等级意识，但她并不孤僻，一直保持着与他人的关联感："（爱丽丝）很喜欢将自己扮成两个人。"由此看来，她无疑是语言生物的一员，总是保持着自己同他人的对话；她总是那样好奇，她的"好奇心越发增长"——但她从不会因为好奇就过分陷入困惑。爱丽丝的好奇心，就像是她用来讲故事的语言一样，趣味十足；它并不莽撞，也不会凌驾于别的什么之上，只需一些新发现便能让它欢欣不已。爱丽丝试图在一个不稳定的世界中寻得稳定，但在这过程中，她从不试图去控制她所未知的事与物。

在仙境中，当别人给爱丽丝下了命令，她会服从，却从未真正屈服；尽管她总是有着一份敬畏之心，但也有着极强的适应力。尽管她进入的是一个奇异的领域，自身也为成长带来的焦虑所扰，但她始终游刃有余，不失信心。无论是白兔、疯帽匠、柴郡猫、毛毛虫还是红心女王，爱丽丝似乎总将这些奇怪的生物视做自己的一部分（烦恼），熟悉而奇异。她也从未忘记过找寻那个美丽花园——"你见过的最为美丽的花园"——一旦得了机会便想进入其中。但当她真的走进那儿，却发现真实的花园同她最初所见的并不相同:这个地方毫无意义,令她失望,但仍不失想象的空间。

爱丽丝天真爱玩,保持着旺盛的好奇心,但她从未因此而沉迷。她的"好奇心"象征着人类的欢乐,就像卷首诗中提到的"快乐的一群人"那样。这种玩乐心使得她能很好地同仙境的疯狂及荒诞保持距离。尽管在仙境中,她时常孤身一人,但她从未失却自己的社会自我,以及本能之中同他人的那一种关联感。由此,尽管爱丽丝有时会感到不安,但她的性情并未发生大的改变——她一直身处于对话当中。

5 黑暗的心

小说《黑暗的心》讲述了主人公之一查理·马洛人生巅峰时的遭遇，它将带领我们去往"航海所能达到的最远点"，通往"一片广阔无垠的黑暗的心中"——语言在此处消失，我们唯有在一片寂静之中趔趄前行。《黑暗的心》同大多数现代作品一样，在叙事上是双重的（由叙述者来转述故事），由此将"现实生活"与叙事分隔开来。倘若愿意，我们能够进入由这分隔产生的间隙，并将在"大地最远的边界"上——亦是我们的自我的边界处——一窥那道昏暗、不太清晰的"亮光"。我们希望跟随马洛一同冒险，它将带领我们去往位于非洲中心地带（比属刚果）的内陆贸易站，去到（另一个主人公）库尔兹的身边——去领会黑暗的心的恐怖，去领略那使故事升华的刹那，去体悟故事浅层的真相。我们知道整个故事缘起库尔兹，但我们不禁怀疑马洛的故事是否也终结于库尔兹；但我们只能知晓马洛的故事的部分，而无法了解全部。

我们或许会猜想，库尔兹就是另一个"马洛"；同时我们也明白，马洛之所以讲述自己的冒险故事，是希望我们能够倾听他对自己的剖析。马洛讲述这个故事，希望人们记得库尔兹之名，乃至其光辉和荣耀，但人们还将记住马洛之名和其为人。或许在《黑暗的心》当中，最为关键的就是生者马洛与死者库尔兹之间的差异对照。

刚开始读者接触到的并非马洛，而是一个无名的叙述者，他的语言带领我们到了一艘名叫"奈莉号"的巡航小艇上——夕阳的余晖中，这艘小艇停在泰晤士的入海口，遥看着伦敦"这座世界上最庞大、最伟大的城市"，等待回潮。小艇上除了叙述者，还有管理几家公司的主任（同时也是小艇船长和老板）、一位律师、一位会计以及马洛，所有人都被

"大海联结在一起"。马洛有些不同于其他人,他是海忠实的追随者,是一个四处漂泊的海员。此刻,马洛没有与众人坐在一处,而是独自一人坐在甲板上,既像一个苦行僧,又像是一尊菩萨。我们猜想他在深思。

此时,上空似乎有一种"悲怆的朦胧",仿佛故事一开始就存在一种使人耽于默想的氛围。叙述者用一种侵略者似的语言和口吻赞美伦敦,以及伟大的英国航海者们(例如富兰克林·德雷克)和他们的奇妙冒险——这些人从前追寻"未知世界的神秘",并由此带来了"人们的梦想,共和国的种子,帝国的萌芽"。我们身处奈莉号上,仿佛正安稳地居于文明的中心,周遭为伟大的人们所围绕。落日西沉了,但当回潮之时,阳光将再一次普照这个帝国。小艇上的其他人——公司主任、律师和会计——也都等待在这泰晤士河之上,等待着文明之光照耀下的、新的一天的来临。

马洛应当也像我们一样,听到了些许叙述者的喃喃——它其中保藏爱国情怀、对西方世界和伟大的大英帝国的崇拜,尽管染有些许忧愁,但那之中的西方启蒙之光是不为阴影所浸染的。但这语言只预示了光明的结局,却未曾提及起源。我们将通过叙述者间接听到马洛的故事,但我们无疑是想同马洛面对面地接触的。突然间,马洛回应了叙述者自鸣得意的喃喃:"这块地方也是世界上的黑暗地带之一啊。"马洛想到的是他眼下身处的地方(伦敦泰晤士河上的一艘小艇),同时也回忆起了过去的时光,比如罗马人的入侵,以及这里黑暗的起源——在"那非常古老的时代"。我们猜想,他或许也想起了库尔兹,并由此展开了自己的故事。

我们与叙述者同处奈莉号上,期待着马洛的故事——它的"含义就像一只敲开的核桃明摆在壳里一样……就像一股灼热的光散射出烟雾来一样,这情景就好像那迷蒙的月晕"。尽管故事是"迷蒙的"(这是马洛的风格),不很明白,但它无疑间接地、"在某种程度上照亮了"对我们而言黑暗且未知之事。

马洛开始向听众(和我们)讲述他的故事,故事开始于约莫八年前(我们的推测)。那时,马洛身处伦敦,内心十分焦躁,渴望找一条船,再回海上冒险。这种焦躁和对远游、探索新领域的渴望无疑源自马洛孩童时的热情——当他还是个男孩儿时，他就对地图上标注出的、那些尚未探索的空白充满了兴趣，这些谜团令他无比神往。然而在马洛成长的过程中，许多人出于对冒险和文明启蒙的兴趣，已填补上了地图中的大量空白，这是一个由无知逐渐转变为有知的过程。渐渐地，一些曾经抱有纯粹理想的探索者如今已被欲望所腐蚀——冒险终为金钱所折腰。马洛从未放弃过他的向往，但他的理想是否也已不再纯粹呢？

马洛漫步在伦敦街头，留心到一张地图——“有一条极大的河……像一条伸长的巨蛇……当我从一家商店的橱窗里望着地图上的它时，它强烈地迷住了我，就像一条蛇迷住了一只鸟儿——一只愚蠢的小鸟儿一样。”

彼时，马洛焦虑的心被深深地吸引住了，仿若被大蛇诱惑的鸟儿，地图上的大河似乎是一个诱人的恶魔。我们可以称这条大蛇为比属刚果（尽管马洛从未提及它的名字）——我们不禁会想这个名字是否本身就有着恶魔的力量，还是正相反，是这个名字造就了这个恶魔？这个恶魔出现在男孩马洛天真的梦中、少年时代的冒险之中。然而现在，曾经清白无邪的魅力之地因被命名而被缚以一道枷锁。

这张地图使马洛记起了童年时的梦想，地图上的那条“大蛇”还使他想起了河上有“一个大麻烦”。这个“大麻烦”是一家贸易公司，马洛的姨妈认识当中管事的人，便动用关系促使马洛被任命为公司下属的一条汽船的船长。马洛对我们说，这件事对他而言有些不同寻常：在“冒险”中寻求他人的帮助，还是依靠一个女人帮忙打点他自己不曾接触过的人事关系。即便马洛的聘书当真存在贿赂的成分，显得有些“不择手段”，但这其中无疑也存在着某种荣耀的成分，而马洛的姨妈是知晓的——这种成分使得马洛刚开始看起来“像是一位光明的使者之类的……一个比较低级的圣徒之类的”——这家位于“阴森森”的布鲁塞尔的贸易公司是不会公开否认这一点的。

我们身处黑暗笼罩下的奈莉号上，听马洛讲述他的故事，不禁会猜想这个故事的走向是否与美、与照亮黑暗的光明有关呢，是否同诱惑或堕落有关呢？是否涉及人性中的罪恶，与令马洛不安的代价有关呢？马洛的故事是否关乎对不可知的谜团的追寻呢？无论如何，我们都希望通过马洛的故事去了解他的旅途，在此过程中马洛也在重温自己的故事。

马洛来到布鲁塞尔，进了贸易公司的等候室。他推开门，看见了两个仿如梦游者般的、正在编织的女人，像是人类自我的闯入者，她们预示了马洛不幸的命运。桌上摆了一幅地图，标着“彩虹一般的颜色”，其中黄色正标注出了马洛心驰神往的非洲“中心地带”，那条大河（如同大蛇一般）就在那儿——令人销魂，也能致命。在马洛看来，这是一个不祥而离奇的时刻，他与公司签订合同时听到的话语似乎有着一股阴谋的味道：“我们这些将要死掉的人向您致敬。”①即便是给马洛检查的医生看上去也有些疯狂，如同一个四处嗅探的猎头，不禁令我们想到科学和文明的进步之中或许是包藏着退化的部分的。一些人认为贸易公司就是现代成功的巅峰典范，是控制理性和散播文明的先进例子，但这个公司实则与表面上，或者说它自以为塑造的形象相去甚远。马洛身处办公室中，感到局促不安、十分焦虑，仿佛他因着这公司的原因，也变做了另一个人——一个“骗子”。

接着，我们和马洛一起乘上一艘法国汽船，沿着非洲的西海岸而下，近旁是神秘莫测的丛林——它们“全都是沉默不言的，带有一副窃窃私语的神情”——彼时，马洛的遭遇就如同他现在的语言一样，沉重而朦胧，预示了噩梦的降临。途中，马洛看到法国人正在向丛林中开火，看起来既滑稽又荒诞：“砰，一尊六英寸的大炮响一声，一股小小的火焰腾起又隐没，白烟消散了，小小的弹丸发出一阵微弱的呼啸——什么事也没有发生，什么事也不会发生。”作为读者，我们应当追问：这是一个怎样的故事？马洛所经历的是何种旅程？这次旅途意欲为何？马洛的语言带着一种压迫感，不能否认他确实遭遇到了一些奇特之事。他希望与我们分享这些遭遇。

就这样航行了三十多天，马洛才看到大河的河口，在此地上岸之后得再走大约两百英里（1 英里约为 1.6 千米）才能开始他的工作。一路上，他听闻有人上吊了，看到一节火车车厢“像一只动物的尸体那样在

① 原文为拉丁语“Moritui te salutant”。

那里一动不动”，还有人在进行着“漫无目的的爆破”工作——似乎欲望蔓延各处，死亡也无处不在。

马洛走到了公司的一座交易站的近处，旁边突然走来了六个被镣铐铐在一处的黑人，他们被称做“罪犯”——这称呼得自那些填补了地图上的这片空白的开拓者们。这些开拓者们和马洛一样，是有着“光荣职责”和共识的同僚，同是“这些崇高而正义的行为所属于的那个伟大事业的一部分”——这不仅为公司所追求，就连马洛的姨妈也颇为称颂。

马洛彼时还不太明白自己的遭遇有着何种意味。他在公司外部贸易站的边界目睹了这一群被链条穿着的人，好像“撞进”了一种不甚明了且十分奇怪的场面。马洛只是旁观而未介入其中，有趣的是他对此没有作出任何道德上的评判。马洛希望逃开这种场面，故而从旁经过，不发一言：“我没有往上走，而是转过弯向左边坡下走去。我想在这望不见的链条穿着的一群人之后再上山去。”那时的马洛是犹豫而不安的，唯恐直面那般场景——我们将在之后反复地体会到这样的故事节奏。

如今，奈莉号上的马洛得为那时的行为作辩护——“我并不特别脆弱”，他坚称自己一有需要便会出击，“不计得失”。他称那些公司代理人是“摆弄人、驱使人的、强大而精力充沛的，红眼睛的魔鬼”。马洛似乎是想要证明自己和奈莉号上的听众们一样，充满了阳刚之气，同时也是在为自己彼时的不作为作辩解。

似乎是事后的想法导致马洛稍稍改变了故事的走向，他谈到了那些被镣铐穿起的奴隶：“他们也是人啊，是人啊！我告诉你们。”马洛还表示自己那时就已“预见”到自己即将去结识的是一个“目光短浅的恶魔”——阴险贪婪的公司经理。

自进入丛林起，马洛似乎就感到很矛盾，他如今明白的许多事在那时是不甚明了的。现在，他通过语言叙事揭露自己的经历，同时也匿去了部分。他知晓听者的存在，在此基础上，在黑暗中向读者讲述自己的故事。我们猜想这个故事因库尔兹的存在而升华了；库尔兹和公司经理一样，尽管眼下还未在故事当中现身，但无疑已萦绕在马洛脑中，盘桓不去。我们读者所见证的是未来与过去，无法见证马洛所遭遇的发生的那一刻，而只能通过他的叙述去了解，并由此产生继续倾听的欲望。

马洛穿过了一片被死亡的气息所笼罩的树丛，其间是一片“令人沮丧的沉寂”。他在贸易站外遇到了公司的会计主任——此人的衬衣领子上了浆，靴子闪闪发亮，不为那种“极度消沉败坏的气氛”所染，显得颇有“骨气”。马洛觉得，此人有些像是“理发店的假人模特儿”，空无实质，但表面功夫做得到位。此人能够在一片混乱之中保持有序和效率，尊崇着官僚主义式的秩序。从他的口中，马洛第一次听到了“那个和我关于这段时间的回忆不能分开的人的名字”“您在内地无疑会遇见库尔兹先生的。”(此处的“您”提醒我们马洛正在和我们讲述他的故事)库尔兹是个杰出的代理人，他“送来的象牙跟所有其他人送来的加在一起一样多”。当我们第一次从马洛那儿听到库尔兹之名时，我们或许会想“库尔兹”对他而言不过是一个人名，但对现在的马洛而言，库尔兹无疑成了“杰出”的代名词，与公司对“象牙”(这个词也将盘桓始终)的渴望联系在了一起。

十五天后，马洛到达了中央贸易站，那儿有一个“优柔寡断的恶魔”——先前我们就已知晓但并未现身的经理——正在掌权。马洛已然见识到了种种死亡和荒谬，目睹黑人遭受的不人道对待，还有那些身处病痛之中的公司代理人们，但马洛没有耽搁，还是赶到了第一个目的地。他最关心的似乎还是自己，当他听闻自己当班的汽船“沉在了何地”，他便如同“遭到雷击一样呆住了”。为了尽快赶到上游，经理不等马洛到来，便命人替了船长一职，致使“船底被石头划破了”。

我们作为听众(或读者)，继续听马洛用沉重的语言讲述他的经历。他试图向我们讲述一部分的经历，决心向我们传达它所带来的感受。让我们倒流些许——我们知道马洛在刚出发时，是一个充满冒险精神的流浪海员，心中有份焦虑而无归属感，自孩提时起就被未知和谜团所吸引，有些浪漫精神，即便是从黑暗中透露出的迷蒙月光亦能使他感怀。同时，马洛也是一个尊崇效率和秩序的人，他希望工作，喜欢沉浸在精神集中的氛围当中，并能穿透种种无序得到富有实践意义的结果。

马洛或曾感到自己将会在这次旅途中进入"世界的中心",最终成为一个"骗子";如今他所目睹和经历的无疑是些不祥和恐怖之事,但他最为关心的似乎是旅途和自身的作为,而无关乎事件的意义。

马洛在到达中央贸易站、知悉自己的汽船沉没之后,关注起由此带来的延误,而将此前目睹的种种可怕场面抛之脑后;同时,马洛也并未察觉经理的密谋和欺骗。在马洛看来,这个"优柔寡断的恶魔"不过是一个"饶舌的白痴"。我们不禁怀疑马洛是否确实是天真的(如果可以这么形容),对所有事实一无所知,也无法明白眼前发生的一切,以及自己在这场阴谋中所扮演的角色。

我们对马洛的怀疑并非全无根据,因为表面上看他似乎只是一时兴起,便毫无目的地离开了布鲁塞尔,进入非洲腹地,来到中央贸易站,他的汽船如今也沉没了。他自己也说:"我问自己,现在船没有了,我该怎么办呢?"接着,似乎修船、等待铆钉送抵这几件事使他明确了自身的存在,找到了值得坚持之事,而不至在周遭的幻梦和梦魇中丧失自我。

我们和马洛在中央贸易站又一次听到了"象牙"一词——"你会以为他们都在那儿向象牙祷告"——它无处不在,仿佛是一种精神偶像;它四散于厚重的空气当中,搅动人们的欲念,有着谜一般的魅力。在这里,马洛从经理和另一个负责制砖的代理人口中(此人被怀疑是经理的密探)知道了更多有关库尔兹的事。这个制砖师想尽办法,想从马洛那儿套出他在欧洲的熟人,和在那座"阴森森的小城里"的人际关系。"请您告诉我,这位库尔兹先生是谁呀?"马洛向制砖师询问道,似乎想借由这个名字追寻此人的存在。作为答复,制砖师向马洛描述了库尔兹的为人,说他是某个"目标"的信徒。他的语言带着公司的烙印,也和马洛的姨妈一样有着几分基督教徒的味道:"他是一位怜悯、科学和进步的使者,鬼知道他还是些别的什么。"倘若库尔兹真如代理人所说的这般特别,那他无疑也是众人嫉妒的目标,对于制砖师和经理而言更是成功途中的绊脚石。在制砖师看来,库尔兹注定会得到公司的重用,从"内陆贸易站的站长"升到"副经理","两年以后就会成为总经理"。我们和马洛一样希望知道这个名为库尔兹的男人究竟是谁?他是否真的崇奉某个"目标"和"象牙"?

似乎“没有五脏六腑”的总经理和这个“纸糊的摩菲斯特”式的、肚子里除了“泥土”就空空如也的制砖师，再也不能说出更多有关库尔兹的事。然而，制砖师坚称马洛和库尔兹一样，同属“新道德派”，且在布鲁塞尔那儿都有些关系，但我们最想知道的是马洛为何没有反驳或打断他的话。我们或许会认为这对马洛来说是一种契机、一个转瞬即逝的偶然，又或是他所规避的时刻——他逃避了，就像逃开在山上遇到的那一队戴着镣铐的黑人一般。

这个时刻在马洛的叙述中被拉长了，被赋予了目的性，因而我们应当深思它所蕴含的节奏和矛盾。制砖师还在喋喋不休，马洛则斜倚在汽船的残骸上。马洛觉得自己的鼻孔中“满是原始森林传来的泥土的气息”，他感到困惑，并非是因为制砖师的话，而是因为“某种不可言说之事”。于是，马洛开始找寻自己的目标和方向：“我所看见的是，一小点儿象牙从那里面出来了，我也听说库尔兹先生是在那里。关于他我也听得够多了——上帝知道！”制砖师仍在滔滔不绝，而马洛则似乎下定决心去追寻库尔兹其人，跟随这个名字所蕴含的独特魅力，去追寻原始丛林中的“某种不可言说之事”，如同去找寻“一个遥远星球上”的“异人”。在马洛看来，这次经历似乎开始影响他的命运了。我们或许会将此视做迫使他讲述故事的动力的源头。

作为读者，我们能够感受到这一时刻的复杂和双重性；马洛逃避制砖师，但服从于库尔兹，他那时什么也没说，现如今则将这个时刻讲述与我们听。倘若这一时刻使马洛有了目标，那么它同时也织就了一个谎言，或者说近似于谎言。倘若马洛找到了目标，趋向库尔兹，同经理和制砖师划清了界限，那么同时他无疑背叛了自我中未完满的某个部分：“我可不会为了库尔兹先生去跟人打架，但我因为他差一点儿就撒了谎。”这是一个古怪的坦白，足够引起我们的怀疑。我们不禁会想马洛的谎言究竟有何意义，因为就如制砖师所言，马洛确乎与位于布鲁塞尔的公司有着千丝万缕的联系。这种令人怀疑的时刻使得马洛陷入了焦灼之中，这焦灼因制砖师而产生，在马洛对我们的叙述当中重现——马洛如今已身在奈莉号上，但无疑是不安的。

马洛此时停下了叙述，与故事的听众们说话，这并不会令我们感到奇怪——因为他关心听众听了他的故事以后，会如何看待他——他希望得到信任。

“你们知道我恨撒谎，讨厌撒谎，受不了别人撒谎——撒谎令我惧怕，这正是我在世界上所最为厌恨最为憎恶的东西，我想抛诸脑后永远不再记起的东西。它使我难受，让我恶心，就好像咬了一口某种腐烂发臭的东西似的。”

马洛眼下十分担心自己为了库尔兹而将编造的种种谎言（其中尤以对库尔兹的未婚妻所说的谎言为甚），最终我们将会听到这些谎言。接着马洛又提到了喋喋不休的制砖师：“（我）让那个年轻的傻瓜相信他自己高兴去想象的任何东西，以为我在欧洲有多大的权势。”马洛厌倦了制砖师的说辞，便让他相信自己和库尔兹确乎是他想象中的那般模样。尽管在这过程中，马洛找到了追寻的目标和方向，但他似乎仍有些迷惑不解；他原本并无杂念的旅途似乎受到了污染，他的叙述也是如此。

马洛停下了他的叙述，这是可以理解的。倘若是为了稳定情绪，那么马洛无疑是知晓自己内心的困惑和沮丧的，他明白自己无法传达自己希望传达的，而自己将要讲述的经历看起来又是那般“不可信”、太过与众不同，自己的故事仿若梦境、近乎谎言，直到终结时分才恍如成真：“……不，不可能。你是不可能把你一生中某个时期的生命的感觉——那构成你的生命的真实性的意义——你一生的微妙而贯穿一切的本质——的东西传达出来的。不可能。我们在生活中和在梦境里，都是孤独的……”

在文中，马洛讲述的经历是一场大梦，其中的承诺皆无法实现。然而马洛的声音穿透了黑暗，仍希望借由这个故事激励我们——“这故事似乎不是借了人的嘴，而是在河上这重浊的夜空中自己形成的”。他的梦就是我们的梦，反之亦然；我们跟随着他渴求的语言，而他眼下则跟随着库尔兹深入非洲腹地。马洛“近乎谎言”的故事是否已经让我们领悟到了一些呢——“一种死亡的腐朽味儿”“一种致人死命的臭气”——这些都是马洛（和我们）想要遗忘，最少是希望逃离的。

难怪马洛现在希望找来一些坚固的“铆钉”，用以展开那艘“老旧的汽船”的维修工作，因为艰苦的工作能令他找回现实感，似乎他关心的唯有眼前的事物。此刻，他修补着这艘汽船的残骸，不由得对它心生喜爱之情，同时也找回了自己的生命力。由此出发，马洛将继续追寻库尔兹在非洲腹地的事业：“是否库尔兹是怀着某种道德观念上这里来的……将怎样干起他的工作来。”

马洛又想起这个男人干出的事业，但自己至今不过只闻其名而未见其人。某天，马洛无意间听到经理和他叔父（不久前抵达中央贸易站的埃尔道拉多考察探险队的领队）的谈话——他们正谈论着库尔兹，不屑于他的理想和行为，图谋推翻他的地位（但在当时马洛对阴谋是一无所知的）——马洛似乎第一次“见到”了库尔兹。现在，马洛眼前浮现的不再只是“库尔兹”这个名字，而是一个栩栩如生的形象：“这个人，顷刻之间，有如历历在目——独木小船；四个划桨的野人；一个孤独的白种人，突然扭转身子逃开公司的总部，逃开安逸，逃开对家乡的思念——也许吧，把他的脸转向空无所有的孤独荒凉的贸易站——我也不知道是什么动机，或许他只不过是一个一心一意为工作而工作的杰出的人吧。”或许马洛对库尔兹的幻想中寄托着他儿时的冒险梦想，或是对眼前工作的热爱，我们不由得对马洛存留的天真心生疑问。我们不清楚库尔兹的动机，也不知道马洛的动机——是马洛儿时的梦想在召唤他吗？还是工作本身的崇高意味呢？马洛对于库尔兹的幻想常驻在他心中了，而这种幻想是建立在他人的描述之上的。库尔兹成了马洛关注的焦点，对他的幻想也帮助马洛找到了方向和目标，填补了内心焦虑的空白。我们跟随马洛，而马洛则随着库尔兹的脚步，“沿那条河溯水而上，就好像是走回到世界最初起源的时代一样”。马洛终将遇见另一个自己——库尔兹，这个男人将升华整个故事。

马洛一边怜爱地修补着汽船，一边沿着库尔兹走过的道路，从中央贸易站出发，前往内陆贸易站。船上的其他人（包括经理、带着棍棒的朝圣者们以及黑人劳工）所追寻的无外乎“象牙”——这个萦绕在空气当中，挥之不去的词语——他们所希冀的不过是能够卖出价钱的商品。而马洛的目标只有一个——“爬向库尔兹”——唯此而已。当马洛越来越接近内陆贸易站，他感到自己的目标也越发灼热了起来。马洛关心的不再是借助他人的描述所创造出库尔兹的幻想或是他的名字，而是渴望追寻那身处“黑暗的心”的库尔兹本人——那里仿佛是一片史前时期的大地，那里是源头之源头，是马洛渴求之地。现在马洛所追寻的，并且想向奈莉号上的听众们传达的就是这样一幅无法被理解的景象。

“那史前时期的人是在诅咒我们呢，向我们祈祷呢，还是欢迎我们呢——谁能说得准？……我们不能理解，因为我们离得太远；我们不能够记得，因为我们是在混沌初开的原始世纪、那些早已逝去的世纪的暗夜里航行，我们在自己身后几乎没有留下一丝痕迹——也没有留下记忆……这片土地似乎不是人间的土地。”

奈莉号上的听众们听了马洛的故事，会感到疑惑——当马洛提到所有人（无论是英国人还是非洲人）存在着“亲缘关系”时，种族歧视究竟是存在于他的语言当中，还是听众心中的呢？当他提到自己的“真货色”同自己陆上的同伴们所取得的文明的成果相抵触时，马洛是否到达了自己所能表达的极限呢？——马洛的朋友们似乎认为他是在咆哮着的，在他们看来，已然超出了“谈话”的范畴，就如同是荒凉而混乱的原始森林。他们希望马洛能够克制自己，继续讲述他的冒险经历，马洛照做了。

在距离库尔兹的内陆贸易站还有八英里（大约三小时的航程）的地方，马洛一行人突然听到雾中传来了一声“喧闹而悲戚的嘶吼”，耳中仿佛回荡起了大自然的悲鸣，不禁停下了前行的脚步——汽船暂时抛锚了，成了他们此刻唯一的栖身之所。这艘被马洛用怜爱修复的汽船，如今成了他们的希望——“剩余的世界已不知去向，真是不知去向了，消失了，不见了，被一扫而光，没留下一丝儿声息或踪影”。

我们猜想这来自世界边缘（并充斥了马洛的耳朵）的“嘈杂而疯狂的喧闹声”，同马洛先前所想和咆哮的是相互照应的——那时他宣称自己唯一的目标就是库尔兹，这个男人在世界当中有着自己独特的声音。现在，物质世界仿佛消失在了河面上，唯有汽船依靠着（马洛对它的）怜爱，得以存留下来；或许此处还留有库尔兹来过的痕迹，但在马洛的叙述中，世界岌岌可危，所有未解的谜团也将随风散去。

汽船上，白人们（公司代理人等）听到荒野之中传来的嘶吼，心生畏惧，手持步枪，准备向这些可怕而非人的野蛮人们开火。而船上的黑人们则是一些饥饿的食人族(他们还处于时间的开端)则与白人相反，他们内心里有一种克制性的存在，使得他们能够抵御自己实施“由长久的饥饿所产生的暴行”的渴望。马洛认为，使我们成为“人”的并非是西方的启蒙运动，而是因为我们明白了究竟什么才是“非人”的。如此想来，这种打破了丛林沉寂的奇怪嘶吼既非进攻、抵御的口号，亦非声明、撤退的讯息，而是一种“不受克制的悲恸”。它是对无法逃避的损失的悲痛回应，我们会想，它也是对“无限的怜悯”的回应。

不受克制的悲恸能够引发深刻的怜悯，但马洛对丛林的看法并不在于此。他那时只关注着眼前的一切，而未深思其中的深意，他接着说道:“……即便是极致的悲恸，最终也将驱使人去付诸暴力……”在船行至距离库尔兹的贸易站大约一英里半的地方，这些“野人”发起了进攻，他们的不幸化做了“棍棒”与“箭矢”，还有“长矛的矛杆”——这把长矛射杀了马洛身侧的舵手。

舵手之死使得马洛产生了一种悲恸的情绪，如丛林那难以言明的哀恸一般深刻:“……他一声没吭地死去了，连肢体也没伸一伸，肌肉也没抖一下。”一片沉寂之中，舵手向马洛投去了最后的目光，唤起了马洛的悲伤之情，他心中充满了对这人的同情和怜悯。马洛永远不会忘记这一刻，它将变做怪异的低语，萦绕在他的生命之中。

舵手之死使得马洛产生了一种“极度失望的感觉”，以至于一时间迷失了目标。舵手的死亡使得马洛联想到了他人的死亡，令人毫不惊奇的是马洛想象库尔兹也已经死去:“我想库尔兹先生这会儿一定也已经死了……”马洛心中的库尔兹并不是那个为公司作了大贡献的、“送来大批象牙的杰出的代理人”，而是库尔兹本身。接着，马洛想到了“他(库尔兹)的表达才能，那令人迷惑，使人领悟，极其高尚也极其可鄙的东西，那均匀搏动着的光明之流，或者是从无法穿透的黑暗之心中涌现的欺骗”。

马洛讲述着这些，感到自己的悲伤同“那些丛林野人”所感受到的不相上下，继而陷入了深深的哀思之中，“停下不讲了”。然而奈莉号上的人们对他如先前一般的咆哮，并未表示同情，而是心生警觉，担心马洛又一次突然爆发。马洛调整着自己的语气,尽管他的心依然为舵手和库尔兹之死而震颤着。同奈莉号的众人不同,马洛似乎心不在此,身亦不在此,我们甚至感到他会从众人眼前消失。我们作为跟随马洛的读者,亦处在这般不稳定的状态。

接着,马洛又听到了另外一种声音,(我们不确定)或者说是他的幻觉:“声音,声音——甚至于那个女孩子本身——啊——”马洛急切地想要摆脱这个声音(或幻觉),因为他担心自己的目标——追寻库尔兹——会被导向那个无名的女孩儿。尽管马洛希望遗忘那个声音,无视它的召唤,并使我们也远离它,但那“女孩儿”无疑象征着马洛心中那份表达自我的渴望——这个声音的出现并非意外。接着,马洛第一次复述了库尔兹的话:“你们真应该听听那位出土文物似的库尔兹先生说‘我的未婚妻’这句话。那你们就会立刻了解到,她跟这个是怎样地了无瓜葛了。”

马洛似乎正在召唤库尔兹的鬼魂,以埋葬那个“女孩儿”;马洛没有继续讲述库尔兹未婚妻的事,而是重回库尔兹本身——此人“通过绝对寂静的道路经历了特殊的太初时代的境界”,这种“绝对的寂静”带来的“影响是巨大的”。我们需要关注的是与众不同的、探求此种“巨大影响的”库尔兹,而非“那个女孩儿”;我们需要关注的是马洛遇见的库尔兹,至少是他现在的表述所塑造出的那一个。

“女孩儿”确乎给马洛带来过暂时的困扰,但他现在又重回对库尔兹一人的叙述中来了。眼下,马洛还未到达内陆贸易站,也还未讲述完他的冒险经历;但他希望向我们提前展现库尔兹的形貌。为什么?我们或会猜想马洛是出于某些原因,为了自己而采取了这种方式——或许是因为那个他不愿提及的“女孩儿”。他将复活库尔兹的魂灵,而将女孩儿埋葬。

马洛向我们描述“最初的库尔兹”——“整个欧洲都对库尔兹先生的形成作出过贡献”。马洛特别提到库尔兹精湛的写作技巧,此人曾为国际禁止野蛮习俗协会撰写过一份报告;为了这份报告库尔兹甚至去主持过“某些半夜举行的舞会,这些舞会在结束时都要举行一些无法形容的仪式”(之所以无法形容或是因为库尔兹的恐惧)。库尔兹在报告中一直是平铺直叙，但到了最后竟好像失去了控制，他高呼道："消灭这些畜生！"

库尔兹是不可小觑的推动力，他的荣誉和名气对于那些见过他或是听说过他的人都有着极大的影响力——马洛就是当中的一员。对于一些人而言，库尔兹就像"象牙"一样，是应当用"无法形容的仪式"加以供奉的偶像。马洛无法忘怀库尔兹之名，希望我们和他一样将此人印在心中，同时也希望我们见证库尔兹给他带来的影响。库尔兹之所以受到推崇，并非是因为他的生命比别人（例如舵手）来得更为尊贵，而是因为他不"平庸"，能够使人折服——他是如何做到的呢？——或许是他周身的梦幻和特别感，他和我们同为语言生物，却似乎已然到达了我们所无法到达的边界。

马洛一行人最终来到了内陆贸易站的附近，马洛从望远镜里看到"一个白人，戴着一顶车轮似的大帽子"，看起来像是一个"小丑"，令我们不禁想起这个故事字里行间暗藏的闹剧，想到了这场迷蒙、深刻的语言所描述的冒险经历之中的不可信、蛊惑人心的部分。"小丑"不仅仅是荒诞的，在他出现的同时，他也暴露在了巨大的危险之中，因为他将受到库尔兹无尽言语的驱使。这个小丑已经近距离接触过并照顾过库尔兹，也被他深深吸引。小丑对库尔兹绝对忠诚，绝不质疑，他已经将自己的命运献给了库尔兹——他是一个虔诚的信徒。小丑宣称他的思绪已经全然为库尔兹所倾倒（至少他的耳畔早已只能容留库尔兹之声），但我们不禁怀疑，或许他的内心从刚开始就是空虚的（容易被侵入的）。或许库尔兹心中亦是空虚的，使得他将不受克制的欲望付诸行动，使那些极为诱人的幻想成为现实。

借助马洛的望远镜，我们读者最终得以瞥见库尔兹的真容——远处的他看起来恍如幽灵，"好似一尊用陈年老象牙雕成的会活动的死神雕像"。从远处看库尔兹，他仿佛是死神和象牙的化身，但若近距离观察他，他便会"恢复"人类的形貌。当马洛和库尔兹在汽船上面对面交流时，库尔兹的声音竟是愉悦的："我很高兴。"库尔兹的话表明他显然提前知晓了马洛的到来，也为之欣喜——因为来人是被特别推荐的，值得信赖，和那经理截然不同。接着，库尔兹的情妇出现了，她是库尔兹魅力的象征——她的体内仿佛有着“丰饶而神秘的生命力”“晦涩而热烈的灵魂”盘踞在她身上，因她那“野性的悲哀和无言的苦痛”而沉默不言。她是如此的醒目，但不久就消失在大地那“巨大的躯体”之中，那儿是她的起源和终结之地。

汽船上，库尔兹的声音透过门帘传了过来，他正与经理说话。显然他病得厉害，需要从这片荒野中撤离，他对经理喊道：“救我——您的意思是救那些象牙吧。您别吩咐我啦。救我！怎么，我已经不得不求您了。”马洛第一次意识到经理正图谋铲除库尔兹。倘若库尔兹是“疯的”，那么经理无疑是善于欺骗、虚伪的恶魔；倘若库尔兹缺少自制和判断力，那么经理显然是官僚主义的产物；倘若库尔兹这个幻梦行将化为噩梦，成为“不可言说的秘密”，那么经理无疑已化身谎言、欺骗、虚伪和渎神的梦魇。尽管马洛那时对发生的一切不够明白，但他不由得偏向了库尔兹，寻求解脱：但马洛转向的并非是库尔兹那“形同亡者”的躯体，而是库尔兹独特的精神，那经历过“无形中存在着的压倒一切的腐败”的精神——这般的库尔兹是马洛曾看到过，也必须信任的。马洛所追寻的正是我们所追寻和渴望的，是我们所不能了解的魅力，是我们为了生存而不得不从旁退却之事。

马洛似乎也为库尔兹所倾倒，但他并没有如小丑那般将库尔兹视做偶像。马洛身处荒野，他是孤独的，但他无疑是拥有自我的。倘若马洛想要了解库尔兹的经历，那么他必得与库尔兹有所不同。从某种意义上说，马洛所求助的是荒野，而非库尔兹：“我转而求助的其实是这片荒野，而不是库尔兹先生。”马洛似乎是沿着库尔兹之路进入荒野，就如同我们跟随马洛的脚步漫游荒野一般——这便是马洛现在所讲述的——故事将带领我们领略马洛曾目睹过的、库尔兹的经历的入口处，但再也无法前进一步。听罢马洛对库尔兹充满渴望的讲述，我们读者就如眼前的马洛一样，是能够全身而退的。

马洛确乎选择了这个由库尔兹带来的噩梦，但这并非全部的真相。我们既不能（或至少不会）自己选择噩梦，噩梦也无法选择我们；对命运而言，亦是如此。我们或会怀疑这就是马洛现在所想之事：“我没有出卖库尔兹先生——上帝命令我决不可以出卖他——命中注定我必须忠于我所选择的噩梦。”就故事来看，这是一个奇怪的中断处，我们应当留心这一点。

我们曾假设马洛在中央贸易站时就已全然臣服于库尔兹，并由此找到了自己的目标和方向。现在他是否是在重申彼时的诺言，以使读者相信他呢？他的话是否想表明命运已经写下，而他则将忠实于它，无论付出何等代价？倘若真的如此，那么马洛是值得我们钦佩的，他所取得的成就是独特的——马洛与命运合二为一，与命运相互塑造彼此，并以此来认识自我。

马洛的话如此令人震惊：“上帝命令我决不可以出卖他——命中注定我必须忠于我所选择的噩梦。”这语言与韵律带有圣经的色彩，与希腊命运观相连，仿佛是种崇高的理想和英雄式的宣言，即便这种理想最终可能代价惨痛。我们会想：有谁实现了这种命运吗？这种命运究竟源自何处？由此我们会联想到布鲁塞尔的公司办公室里，那两个把门的妇女——正是这些谜般的任务织就了公司朝圣者们的命运，使他们沿着命运脆弱的细线前进。马洛在签下合同时所感到的不安和“不祥的气息”，以及他所经历的一些阴谋与那句话隐隐相合了：“我们这些将要死掉的人向您致敬。”

马洛已经数次表明自己不会揭露任何“商业秘密”——第一次是在他于布鲁塞尔签下合同时：“我相信我是承担了一些责任，其中包括不泄露任何商业上的秘密。”——现在我们有理由怀疑马洛不仅仅在与自己对库尔兹许下的诺言作斗争，同时也与自己对公司许下的承诺作斗争。这份由马洛于布鲁塞尔签署的合同命他寻得库尔兹，并将他指引至此——那么是否也是这份合同令马洛不得出卖库尔兹呢？它是否强制马洛同时忠实于库尔兹和公司呢？马洛现在所说的是否又是“近乎谎言”的呢？他的命运是否不仅仅与库尔兹有关，还与公司紧密关联呢？

我们仅能通过马洛那有所保留的、丰富而矛盾的话语来认识他。我们或许会对他的一些做法产生怀疑——他“选择了噩梦”，追求库尔兹，对公司忠实，以及承诺不泄露任何“商业秘密”。在文中，当马洛提到自己发现库尔兹在丛林边缘“用手脚爬行”时，我们并不感到惊奇，因为这其实是为了引出:“那个结绒线的老女人跟她的猫这时闯进了我的记忆中;在这件事情的另一头,就坐着这么一个极其不相称的人。”这个结线女人“不相称”的形象彼时无疑使马洛感到困扰,而现在即便他已身处奈莉号上,但这种想法依旧盘桓不去——似乎结局早在开头就已注定,而开头在那时看来似乎就已暗藏在公司的办公室中。马洛和库尔兹的旅程是否从一开始就受到了污染呢?马洛眼下的叙述是否“近乎谎言”呢?

库尔兹在荒野的边缘爬行,他“迷失了……彻底迷失了”——库尔兹堕落了,疯狂了,无论是他的肉体还是灵魂,他已经“使自己离开了大地”,难逃一死。目睹此景,马洛仍未放弃努力,他做了最后的争取,试图唤醒这个脆弱的人儿的人性。马洛或许仍旧为库尔兹所着迷,他如今更感受到了同库尔兹的“亲密”关系,为了救回库尔兹,他甚至不惜说谎:“您的成就反正已经在欧洲得到了肯定。”马洛此前像是一个追寻父亲的儿子,现在反过来扶持“父亲”库尔兹——“他一条骨瘦如柴的手臂搂住我的脖子”。马洛独自一人同库尔兹徘徊在荒野的边缘,二人同属主张“错误方法”之人——然而哪里有什么方法能够超脱世俗的纷纷扰扰呢?何来方法能够摆脱那些将马洛和库尔兹视做亡者的讨厌的官僚主义者(例如经理和他的共犯制砖师)呢?

马洛好像身处宇宙的边界,他倾听库尔兹的伦理诉求,倾听他的言语:“真正的库尔兹”来到这个“空洞的假库尔兹”身边,库尔兹是如此的矛盾和复杂,他经历过“看不见的荒野”和“荒芜的黑暗”——这些马洛或许曾得以一见,却不能理解,而我们也通过马洛的梦幻般的叙述曾窥见它们迷雾后的身影。我们想到马洛是在讲述他自己沿着库尔兹之路所经历的故事,而非库尔兹的故事。倘若库尔兹的故事确乎渗透到了马洛的故事当中,那么马洛的故事无疑也会影响我们的故事。将我们紧密结合在一起的并非“库尔兹”之名,而是有着这个名字的男人,是他在期待着我们有所回应;将我们紧密结合在一起的、期待我们的关注的是亲密感,是由“彻底的迷失”带来的“无限怜悯”,是故事的字里行间充斥的不明的欲望。

弥留之际,库尔兹躺在汽船的驾驶室里,吩咐将窗子关上,不愿再看到那“看不见的荒野”。库尔兹行将就木，他的故事即将到达巅峰——库尔兹对站在面前的马洛喃喃道：“我躺在这儿的黑暗里等死啊。”此刻库尔兹脸上变换的可怕神情深深地吸引了马洛，仿佛他在一瞬之间重新体验了自己的一生，最终到达了那个“恍然大悟的决定性的时刻”。“在那恍然大悟的决定性的时刻里，他是否把他的一生的各个细节，诸如欲望、诱惑和屈服等等，都重新体验了一番呢？”马洛既是自问，也是在向我们询问。他的叙述将自身和我们都带入了疑问的漩涡。

接着，通过马洛的讲述，我们听到了库尔兹盘桓了仿佛比一个世纪还要久的临终遗言，那喊声“并不比一声喘息更大些”——但与喘息又有何异——库尔兹神秘的低语仿佛是作出了断言：“可怕啊！可怕！”

“库尔兹先生——他死了。”

我们无法知道库尔兹的遗言究竟意味着什么，也无法知晓马洛在当时经历了些什么。我们只能知晓这遗言事后带来的影响——它反复地出现，纠缠着马洛，亦纠缠着我们：“你所能希望从它那里得到的，最多不过是一些对你自己的认识而已。”

库尔兹是马洛“选择的噩梦”。但马洛与库尔兹是有所不同的，他并未踏过那边缘：“确实，他（库尔兹）跨出了那最后一大步，他越过了那个边缘，那时我却被允许缩回了我犹豫的脚步。或许全部的差别就在这当中。”

马洛脑中烙印着他所见证的库尔兹的种种，心中抱着对公司的义务回到了那座“坟墓般的城市”。他对那些平庸而缺乏想象力的经理们和代理人们深感厌恶。这时，公司的一位官僚主义代表出现了，他要求马洛上交库尔兹留下的所有文件，马洛经不住纠缠，但只把一份关于“肃清野蛮习俗”的报告交给此人。马洛撕去了写着“消灭那些畜生”的附言，以此保全库尔兹的名声；马洛还保留了库尔兹的全部私人信件，并向那位代表保证这些信件“并不涉及商业上或者公司管理方面的问题”。即便马洛的这种做法同样“近乎谎言”，但它无疑既符合了合同定下的义务，又无损于马洛对库尔兹的忠贞。

马洛曾经拒绝同我们讲述的那个“女孩儿”如何呢？倘若马洛明白自己最终为何去拜访了库尔兹的这位未婚妻，他或许就不会将这次拜访和盘托出了:“我不知道,我说不清;但是我去了。”想到这个女孩儿时,马洛迟疑了,但他还是去探望了她,如今又将此事讲述了出来。我们还记得,马洛说“未婚妻”是他从库尔兹的鬼魂那儿听到的第一个词:“你们真应该听见那位出土文物似的库尔兹先生说‘我的未婚妻’这句话。”那个“女孩儿”从一开始就出现在马洛的故事当中,如今故事即将结束,她亦不能缺席。

马洛起初猜测这位未婚妻是库尔兹前往非洲的首要原因:“我曾听说她跟库尔兹订婚时,她全家人都不赞成,认为他不够有钱,或者什么原因……他曾经使我有某种理由猜测,他是因为受不住比较贫穷的生活,才跑到那边去的。”最初驱使库尔兹的是爱吗?对那“女孩儿”的渴望取代了对象牙的渴求吗?对此,我们只能猜测。但未婚妻无疑在库尔兹与公司订立合同、从事贸易以前就已经存在了,因而马洛在讲述故事时,不能不提到她。从这个角度来看,她便是马洛故事的开端,是库尔兹未能实现的欲求的主角和助力。马洛希望借由与她的会面和如今的讲述来满足这种欲求。

马洛等在库尔兹未婚妻的门前,突然间,库尔兹的影像仿佛从那荒野的记忆和想象中出现了——马洛似乎“听到了那声低低的叫喊,‘可怕啊!可怕!’”库尔兹的死亡仿佛同未婚妻的悲恸交织在了一起,马洛说:“我在一刹那间看见了她和他——他的死亡和她的悲伤——我看见了在他死去那一瞬间里她的悲伤。”接着马洛紧张地问道:“你们明白我的意思吗?”这话即便不是希望引起我们的注意,也是希望我们自省。马洛的语言错综复杂,充满矛盾;从他的叙述来看,库尔兹的死确乎引发了未婚妻的悲伤,但似乎未婚妻的悲伤同时也引发了库尔兹的死亡。他二人纠缠在一处,马洛只得将他们一并讲来。

马洛曾为库尔兹所倾倒,如今他同样为库尔兹的未婚妻所吸引。马洛谈到自己与库尔兹亲密的关系,(我们设想)他还想到了库尔兹的“彻底迷失”,他们一样脆弱;他还谈到了其他人对此噩耗表达的哀悼,他甚至还谈到了库尔兹的那个非裔情妇——她无疑就是马洛眼前的未婚妻的另一个化身。“在那边人们很快就亲密起来了,”马洛告诉库尔兹的未婚妻,“一个人可能了解另一个人到怎样的程度,我就怎样了解他。”未婚妻的答复最初看来有些傲慢:“我最了解他。”她希望得到他人对自己所笃信的那些的认同——库尔兹的绝佳口才、他一生创造善的和光明的成果、他对她的渴求,以及她自身对库尔兹的信仰。“他需要我!我!”但她同时亦为悲伤所吞噬,极度渴望“有点东西——有点东西,而可以依靠它活下去”。她需要一些能够在这个世界中支撑其自我的寄托。我们感到,她也几近“彻底迷失”了。

马洛此刻无疑身陷困境。他听了未婚妻的话,听她讲述自己的幻觉和自我,不由得怒火中烧,但那怒火最终在“无限的悲悯”面前平息了。这种悲悯不受束缚,超脱了世俗的界限,超脱了常人所能接受的情感上限。即便它不是荒野之中那非裔情妇的哭号,那么它无疑也是效力减弱的复制品;就像此刻驱使马洛、萦绕在未婚妻家中那“无限的悲悯”,亦是源于库尔兹不受克制的行径。我们或许会想,马洛是否此刻回归了库尔兹最初的欲念——那渴望亲密和关爱、且未能被实现的欲念?马洛是否能够完成库尔兹曾经许下的诺言呢?

马洛可以像从前做过的那样,退却然后离开。面对库尔兹的未婚妻,他可以不再发一言。但马洛深刻感受到了未婚妻的悲恸,不由得颤抖着脱口而出道:“我听到了他最后的话。”接着马洛停了下来,因眼下驱使他的“无限的悲悯”而心生恐惧。他眼下因为自己的言辞而陷入两难——倘若忠诚于库尔兹,他必须如实说出库尔兹的遗言(“可怕啊!可怕!”);但他无法将这些库尔兹在“彻底迷失”之时说出的话语,说给眼前这位悲伤的女子听——这一点似乎也表明了马洛与库尔兹的不同之处。马洛振奋精神,告诉未婚妻:“他最后说出来的一个词是——您的名字。”——这是一个承诺、一种孕育着未来的可能,带有生的气息;它是用语言塑造的礼物,并非“近乎谎言”,而是直率的欺骗。这个谎言源于人所共有的脆弱,是凡人之身的污点,听来仿佛“现实生活”本身也成了一个幻梦。

尽管马洛同未婚妻的对话对库尔兹而言或有不公,但他无疑使未婚妻得到了生的希望。马洛这么做,是否是背叛了库尔兹呢?或许在那时确乎如此,但现在看来,这并非背叛。现在他将库尔兹的故事对奈莉号上的听众(和我们)和盘托出——无论是伟大的库尔兹所面对的

"可怕",还是他自身见证的库尔兹的噩梦;无论是他对未婚妻所说的谎言,还是他为她编织的生的幻梦。即便生活只是令人舒心的幻觉,甚至只是空洞的谎言,我们也不应当妄下论断,而只能求索。马洛所讲述的故事并不比"选择噩梦"更为真实。幻梦和噩梦造就了我们的生活,我们唯有在那未解和不能言说的秘密之外徘徊,而不得再进一步。

通过故事(借一位已被遗忘的讲述者之口),马洛向我们展现了自我。倘若我们回应了伦理诉求,倾听他所言,通过他有所保留、充满欲求的语言叙事和他一同经历,我们或许能够穿透迷雾,一探故事的光彩,同时对生命的真相有所体悟;我们或许还能站在那通往"一片广阔无边的黑暗的心"的入口,一窥在死亡降临以前我们所不能言说或了解的秘密。倘若我们与马洛一同经历,我们无需跨进那个入口,而可以倒退回到幻梦与噩梦之中,回到那个由语言织就的复杂而矛盾的世界当中。如此,我们或许便能找到通往塑造自我的旅途的那条道路。"或许全部的差别就在这当中"。

6 老人与海

通常，人们认为《老人与海》是以第三人称的视角来写的，也就是传统寓言故事惯于采用的上帝视角。从传统上来看，确实如此。但在后现代世界中，我们对于这种看法不能照搬全收，不能忽略其中一些有待商榷的猜想；因为这些猜想大多同作者与读者之间的复杂关系有关，也关乎叙事语言本身的灵活特性，尤其是它与人类欲望之间的关系。我们或许可以像本·斯托茨弗斯(Ben Stoltzfus)那样作出猜想：老人圣地亚哥是海明威自身欲望的含蓄体现(Stoltzfus, 196)。这个猜想是合理的，它并不意味着我们需要调查海明威的生平。我们应当首先将小说视做圣地亚哥的故事来体验——也就是由叙事呈现的“现实生活”。我们将体会叙述者希望呈现给我们的、圣地亚哥的旅途和生活。

换一个非常规的视角来看，我们可以将叙事语言视做一条紧拉的绳索。读着故事，我们仿佛就是那位同大鱼搏斗的老渔人，满心希望捕上这条奇妙而巨大的金枪鱼。小说的语言紧凑，简单不失优雅，能带我们领略到冒险的那一份扣人心弦。作者的叙事吸引着我们，促使我们跟随圣地亚哥。我们将跟着叙事语言这条绳索前进，而它的另一端则深入我们的自我。

我们从小说开头了解到，圣地亚哥每天乘着小船出海打鱼，但眼看着八十四天过去了，他依旧“一无所获”。最初的四十天里，还有一个男孩儿(后文提到他的名字是马诺林)陪着老人，但男孩儿的父母勒令他离开，因为他们认为老人是“倒了血霉”——也就是说“倒霉到了极点”。就连圣地亚哥的船帆“收拢后都看来像是一面标志着永远失败的旗子”。

男孩看见老人孤身一人，每天归来时船总是“空的”，心里很是“难受”。但在后文中，我们就会知道，老人坚信“一个人可以被毁灭，但不能给打败”。在别人眼中，圣地亚哥看起来像是被打败或是“不幸”的，但我们从一开始就明白这种“表象”只不过是冰山一角（海明威会证明这一点）。尽管境况“糟糕”，但圣地亚哥并没有放弃，依旧每天出海捕鱼，颇有几分英雄气概。即便在他人看来，老人是不幸的，但他的眼睛仍表现出他是“愉快而不肯认输”的。

男孩喜欢老人，他相信老人会转运。男孩提起了两人过去的一次遭遇：“不过你该记得，你有一回八十七天钓不到一条鱼，跟着有三个礼拜，我们每天都逮住了大鱼。”其他人没有“大的信心”，但圣地亚哥和马诺林不同，他们相信事情是不会一蹴而就的。这两个渔人同我们一样，彼此被信任和共同的工作紧密联系在一起，和对方分享自己的经历和记忆。男孩同老人说：“打从我们头一回一起出海时起，什么事我都记得清清楚楚。”老人仍不失“希望和信心”，既“谦卑”又不失“真正的自尊心”。

圣地亚哥是一个极富经验也十分自律的打鱼人，他熟谙技巧和传统，心下明白自己的付出将会收获何种命运。他或许和这个古巴村庄里的其他打鱼人看起来并无不同，但他们确乎是不同的。他自己也承认：“我是个不同寻常的老头儿。”随着叙事的展开，我们所需要关注的便是他的与众不同之处。

只要一有空，男孩儿就会来帮助老人，老人也会帮助这个男孩儿。这时，他们便一同工作，也会一同说些“谎话”，就像是他们之间独有的一种仪式，仿佛真能凭空变出些东西来：“其实并没有渔网，孩子还记得他们是什么时候把它卖掉的。然而他们每天都要扯一套这种谎话。”每一天都是新的一天，两人的每一天都被这种虔诚紧密结合在一处。

信心和决心——对于老人来说，大概就是坚信（在棒球比赛中）迪马乔带领的洋基队会取胜，而老虎队、印第安人队、红队以及白短袜队都不足为惧——会令人自信，并激励着人下决心去发现自我、自身命运的独特之处以及自身的起源。现在正是九月，是“大鱼露面的月份”；这个时节，圣地亚哥钟爱的迪马乔将为夺得冠军而奋斗，而他自己也将作为一个打鱼人而奋斗。男孩儿对老人说:“好渔夫很多,还有些很了不起的。不过顶呱呱的只有你。”“只有你”中的“你”既是老人,亦是读者。

刚开始,我们或许会觉得讽刺,因为圣地亚哥之所以“不同寻常”,似乎大部分原因是他与自然世界有着极深的共鸣。圣地亚哥如今满身伤痕,最终将会被时光消磨干净。眼下,他的眼睛闭上了,“脸上就一点生气也没有”。但当他想到非洲时,便活了过来——他仿佛听见拍岸海浪的隆隆声;看见土著人驾船穿浪而行;闻到甲板上柏油和填絮的气味,还闻到早晨陆上刮来的风;他还看见海滩上嬉闹的狮子。

大多数人对老人的这种体验无从感知,男孩儿马诺林却能想象得到,因为他相信圣地亚哥;我们作为读者,同样能够借由语言和叙事去了解老人的内心世界。我们就像是这老人,或是像天不亮就被叫醒的男孩一样,将心怀无形而陌生的认知,穿过黑暗,期盼着前方那新的曙光映照下的战斗。就如男孩所说:“男子汉就该这么干。”驱使着老渔人前进的不是“陆地的气息”,而是“海洋的气息”。

老人与“海洋的气息”之间的联系,或者说他同“la mar”[①]之间的联系,就像是读者同文学叙事之间的联系。我们跟随着这个与众不同的打鱼人离开陆地,进入海洋,前往其他渔人无力深入的领域。由此,我们希望探寻生命中那些难解的谜团,体会圣地亚哥在这大千世界中所体验的爱与死亡。我们同圣地亚哥一样,探求的是“你”(而非他者),还有“我”,即我们自身故事的讲述者,同时还探寻着人类身份当中永远难以言明的秘密,直到死亡真正降临的那一日。

“每一天都是新的一天”,即便你同圣地亚哥一样相信新的一天会转运,但凭一己之力你并不能使之必然实现。即便你十分认真地做了准备工作,你依旧可能“倒血霉”。当你“驶向远方”——或是驶向深处,你将不可避免地遇上一些未曾预料的突发事件;倘若你不能应对得当,就将招致毁灭——当它不能击败你,除非你甘愿投降。

男孩说:“顶呱呱的只有你。”圣地亚哥向男孩说过,如果有信心,不惧怕,那么即便招致毁灭,也不会被打败。我们每个人都以自己的方式

---

① 西班牙语,喜爱海洋的人以此称呼海洋。

过着自己的生活，也都在追寻着这样的真理。在这过程中，我们或许会身陷囹圄，但故事总是激励着我们前进、斗争，继而发掘出其中蕴含的闪光点。圣地亚哥在追寻，我们也一同前往。

我们跟随着圣地亚哥一人出海，男孩没有同行。现在，我们终于明白了独自一人的重要性——没有同伴可以求助、交谈以缓解孤独和焦虑时，我们必得为自己负责——追寻的旅途必须独身一人，唯有此才能将自己看做一个独立个体加以认识，并由此发掘自己的与众不同之处。

我们作为读者，同老人一起感受大千世界；身处其中，心中还怀揣一份神圣的共鸣——我们与海龟有着相似的心脏，鸟儿帮我们定位，可以用做饵料的金枪鱼；它们看来如此相近，彼此尊重。它们都遵循着宇宙的法则，但又有着自己独特而奇妙的存在意义——我们正同圣地亚哥一起体验着其中的奥秘。

在对自我认知的追寻中，我们保有自尊，而这种独自一人的追寻也确乎是必要的。但圣地亚哥还是希望能有一个同伴，他时常会希望男孩能在他身边。即便身处海中，老人也没有忘记语言，同时也依旧是社会动物，既独立但仍是芸芸众生中的一个。老人回想起他同男孩“被暴风雨困在海上的时候”“在夜间聊天”；而现在，他把“心里想说的话说出声来有好几次了”——这使他明白自己是世界中的一个复杂的个体，与周遭的人似而不同。老人离开了陆地（和他的村庄），但在他的旅途结束（死亡）以前，他必须回到那个社会当中去。

我们现在或许会想知道，圣地亚哥在寻找的“大鱼”究竟有多大。毫无疑问，他想履行自己作为打鱼人的使命，完成自己“生来要干的那桩事”。他希望认识自己这个独立的个体，明白究竟是什么造就了“只有你（我）”，而自己又为何没有变成别的什么人。倘若读过海明威的其他作品，我们便会知道孤独的旅程是他惯用的一个主题，而非圣地亚哥一人“独享”——例如，在《乞力马扎罗的雪》中，有一只豹子在追寻未知的途中冻死在“高高的雪山”上，这里也是主人公作家哈里在弥留之际魂牵梦绕的地方。乞力马扎罗雪山的豹子再也无法寻得什么，而哈里所看见的也不过是死前的幻想，《老人与海》中的圣地亚哥追求的却不止于此——这些时刻是不能为尘世中的其他人所体会的。圣地亚哥驶向大海，想要钓上一条大马林鱼，如果可能的话，他还要返回陆地。如果做得到，他希望能够实现自己的梦想，并证明给村庄中的人们看，一个人能够做到何种地步。

“今天是第八十五天，我该一整天好好钓鱼。”同一天，在棒球场上，洋基队正为了夺冠而拼搏——迪马乔带领着洋基队，圣地亚哥则带领着我们。圣地亚哥觉得，如果迪马乔不会屈服于脚后跟的骨刺带来的疼痛，那么他也不会屈服于自己周身的酸痛。迪马乔相信自己以及自己打鱼人一般精湛的技巧，也被这信念驱使。他既为自己而战，也为他人而战，圣地亚哥也将如此，尽管有所不同。这是第八十五天，是圣地亚哥钓上大马林鱼的日子，是一个命中注定的日子。

这天，圣地亚哥钓上了那条大鱼，但小船也被大鱼拖得越发“远离陆地”。一鱼一人此刻被紧拉的线联系在了一起，我们也由紧张的叙事语言紧紧联系了起来，它带领着我们向前再向前，跟随着圣地亚哥奋斗的旅程。现在，我们和圣地亚哥都未见到大鱼的真容，但我们知道它“大得难以置信”“十分有重量”。我们也和圣地亚哥一样，想要看见鱼的样子，哪怕一次也好，这样便能知道我们究竟在与何做着抗争。

我们没能看见鱼，但我们感觉到那鱼是“美妙”也“不同寻常的”——就像圣地亚哥一样——老人希望男孩此刻在他身边，这样不仅仅能够帮些忙，同时也能让他体会这美妙的时刻，见识到打鱼人的能耐和一个男子汉的气魄。我们读者则被叙事“联系到了一处”，就像圣地亚哥在同大鱼的战斗和对它的同情中所产生的联系那般。圣地亚哥感到自己“超过了世间的所有人”。

我们从语言这条紧拉的绳索中感受到了高度的紧张氛围，这种氛围在生与死的传统较量之中也能体会得到。但它那份不同寻常使我们“超过了世间的所有人”。我们明白，圣地亚哥可能因为这大鱼而死去——他亲切地喊道：“鱼，我会一直和你待在一起，直到我死去。”这时候我们要明白，尽管老人的故事也是我们故事，但若是老人死去，我们是无需遭受死亡的。因为当叙事结束时，我们便能返回“现实生活”，唯有脑海中存留着老人奋斗的经历。

大鱼可能杀了老人。而老人尽管热爱和尊敬这鱼，但依旧希望能将鱼杀死。尽管他的手在与鱼搏斗的过程中受了伤，流了血，但他依旧心怀敬畏，也不失决心："我巴望能喂那条大鱼，它是我的兄弟。可是我不得不把它弄死，我得保持精力来这样做。"

圣地亚哥过去也曾捕到过两条超过一千磅的大鱼，但从未独自一个人逮住过。现在这条大马林鱼最终浮上海面，我们看到它是"一条比他（圣地亚哥）曾见过、曾听说过的更大的鱼……"这条大鱼是值得一战的对手，也是对圣地亚哥真正的考验，对他命运的走向而言也至关重要。

圣地亚哥看见这大鱼的真容，再次决定要像"一个男子汉那样，懂得怎样忍受痛苦"。他曾告诉男孩，自己是一个"不同寻常的老人"，他也数次证明了这一点。但每一次证明都是崭新的、独特的，这一次也是如此。老人追寻的是他自我当中与众不同的部分，我们也是如此。

大鱼是"不同寻常"的，老人也是"与众不同"的，二者被紧拉的钓索结合在一处，都在追寻自己的命运。大鱼和老人都选择了自己的旅程，我们也是如此。大鱼选择的是"待在黑暗的深水里，远远地避开一切圈套、罗网和诡计"；圣地亚哥选择的是"到谁也没到过的地方去找它"。我们被叙事吸引，同样选择了待在深水中，选择了去发掘无人企及的领域，随着语言紧拉的绳索体味着不同寻常的波动，以将圣地亚哥的故事内化成为我们的故事。倘若圣地亚哥的故事是我们的故事，我们无疑接近了尘世的边界。

为了振作自己，圣地亚哥又一次想起"了不起的迪马乔即使脚后跟长了骨刺，也能把一切做得十全十美"。迪马乔的魅力、面对痛苦的坚毅以及前进的决心和信心，为自己和他人都做了榜样，同时也鼓舞着圣地亚哥和听故事的我们。尽管这种自信带来了力量，也带来了富有活力的气息，但我们明白，很多事倘若不曾经历便难以掌控或了解。圣地亚哥指出了这一点，他并不清楚患了骨刺的迪马乔能否同他一样守着这条大鱼：

"不过骨刺会不会使他痛得太厉害？

"'我说不上来，'他说出声来，'我从来没有长过骨刺。'"

现在，圣地亚哥也明白自己无法掌控鲨鱼——这种大自然的终极捕食者对他而言意味着巨大的损失——“如果有鲨鱼来，愿天主怜悯它和我吧。”圣地亚哥说，他指的是自己和大鱼，鲨鱼的出现意味着他们的共同毁灭。

圣地亚哥想要赢得胜利，但他不希望钓索另一头的他的兄弟、值得一战的对手因此而蒙羞。但他也不能屈服于这个“兄弟”，否则他将丧失自我，同鱼一起沉入大海。圣经中的雅各布同天使摔跤，而圣地亚哥则与大鱼彼此争斗，尊重它，但不愿屈服于它。圣地亚哥决意发掘自己究竟与他人不同在何处，究竟是何使自己成为一个独特的个体。

借由那紧拉的钓索，圣地亚哥同鱼被联系在了一起，他明白这段旅程已经驶向了远方(或者说深处)，使他接近了自我的极限，到达了生与死的界限；尽管它危险重重，回报却不足以使他完全透彻地认识自我。他得将大马林鱼钓上来，如果可能就保留完整的鱼身。但圣地亚哥感到，他所不能掌控的鲨鱼可能带来威胁，而这种威胁此刻正在逼近，他必须动身返回已十分遥远的陆地。

随着叙事富有节奏地往深处展开，我们并不会讶异于圣地亚哥产生的念头——他回想起“那回在卡萨布兰卡的一家酒店里，跟那个码头上力气最大的人，从西恩富戈斯来的大个子黑人掰手腕的光景”。掰手腕持续了整整一天一夜，圣地亚哥最终“使出浑身的力气来，硬是把黑人的手一点点朝下扳，直到压在桌面上”。每个人都在欢呼圣地亚哥的胜利——这段回忆现在增强了老人在捕鱼过程中的信心。但与“大个子黑人”的这次比赛也令圣地亚哥开始思考人的脆弱和卑谦。圣地亚哥获胜了，那个黑人的信心却被全然击垮，他再也不是一个值得一战的对手，失却了尊严和目标。“大个子黑人”有些像是被圣地亚哥称做“叛徒”的左手，当他希望使用它时，它却不听使唤。这个黑人变得脆弱也感到羞耻，他无法得到信任；他不仅仅被毁灭了，也被打败了。

圣地亚哥现在似乎并不仅仅关心这条大鱼，同时他还希望打破极限(到谁都没有去过的地方)。他是否已然沉迷在这种骄傲、自大的行为中？这种行为不仅仅会毁灭他的兄弟(大鱼)，还会打败他自己，夺去他的尊严。他是否能够在认识自我的独特性和取胜的同时，仍能留存他所爱的、帮助他认识自我的对手以尊严？圣地亚哥似乎在同这些问题较劲儿,我们也是如此。

圣地亚哥同情大鱼,但他毕竟不是它。尽管他为大鱼感到悲伤,但他还是决心杀掉它。他能够预防鲨鱼的到来,却不能规避它们的攻击。他是一个复杂的人,与无可避免的人性矛盾做着斗争,追寻自己的命运。命运最终将会毁灭他,但他或许能够逃过这毁灭。

老人只是肉体凡胎,并非神灵。他明白自己所担负的责任不会超出自己的生存所限;他也明白世界上有些谜团是他所不能理解的,还有一些偶然事件是他所不能掌控的:

"'我不懂这些事儿',他想,'可是我们不必去弄死太阳或月亮或星星,这是好事。在海上过日子,弄死我们自己真正的兄弟,已经够我们受的了。'"

驱使着圣地亚哥的不是骄傲而是决心,现在他同钓索那端的大鱼("真正的兄弟")之间的争斗已经进入了第三天。圣地亚哥并不是在与太阳或月亮争斗,而是与凡人的谦卑作斗争,与他的"真正的兄弟"作斗争。他无意于破坏(或是改变)他所深信也乐意受其约束的宇宙法则。但他希望自己能够暂时逃脱这法则——在结束了所有争斗、获得平静以前不会死去。

突然间,钓索被猛地扽了一下,圣地亚哥一直期盼的事情终于发生了,他的注意力立刻就被吸引了——鱼跳起来了,将钓索拉得紧紧的。同时,语言的绳索也将我们带入了圣地亚哥内心更深处的跌宕起伏:"如果那孩子在这儿,他会用水打湿这些钓索卷儿,他想。是啊。如果孩子在这儿。如果孩子在这儿。"男孩并没有在"这儿"帮助圣地亚哥,但他是在"这儿"(叙述中)的,而我们读者也在"这儿"见证圣地亚哥的经历。现在,似乎大鱼和叙事都开始兜起了圈子,努力保持平稳。我们得和圣地亚哥一道面对"钓索上的压力",但当钓索"拉到快绷断的当儿,却渐渐可以回收了"。

大鱼兜着圈越来越靠近小船,圣地亚哥却感到虚弱、目眩,精神几乎要紊乱了,他在努力使自己保持清醒。他对大鱼的遭遇感到同情,赞叹它的美丽,也尊重它;但他复又想起这场生与死的斗争不能用平手画上句点,因为"照这样下去是会一事无成的"。最后的胜者终究只能有一个。老人将鱼叉插入大鱼的心脏,明白了爱与死的意义,最终也看到了自己追寻的一幕:“那鱼是银色的,一动不动地随着波浪浮动着。”圣地亚哥的兄弟死去了,他却在这死亡中间得到了启示,接近了那核心。

但圣地亚哥还得继续做“辛苦的活儿”,这活儿是为他人服务的——因为他必须回到陆地,将自己的这段旅途(收获)带回家去。当圣地亚哥看到自己满是伤痕的双手,感觉到自己的背靠在船艄上,就知道了这是“确实发生的事儿”;他曾经想过“这也许是一场梦”,但现在他确信是真的了。伟大的迪马乔也会为今天的圣地亚哥感到骄傲的——圣地亚哥见证了自己追寻的一幕;现在它成为自己经历的一部分了,但他还免不了与鲨鱼作一番斗争。

“这条鲨鱼的出现不是偶然的”。它或许确实是个意外,但这条“很大的灰鲭鲨”生就一种独特的美丽,它有着巨大的鱼鳍,却有着一副丑陋的、杀戮的面貌。鲨鱼是宇宙法则中的一部分,也是生命韵律的一部分。它行动迅捷,周身锐利,在海中所向披靡,“它想做的事”只需去做便是。鲨鱼与谦虚毫无瓜葛,它只会威胁它眼中的弱者——它象征着死亡;能够带来不可避免的毁灭。当鲨鱼割断了大马林鱼的身体,圣地亚哥仿佛感到“自己受到了攻击”。圣地亚哥被攻击了,但他没有被打败。

“但是人不是为失败而生的……一个人可以被毁灭,但不能给打败。”因为遭受了鲨鱼的攻击,原本值高价的马林鱼肉蒙了损失,就像老人一样——他筋疲力尽,也将不可避免地受到伤害。难怪现在圣地亚哥“觉得钉子穿过他的双手,钉进木头”。这是他所遭受的刑罚,也是他的命运。

尽管圣地亚哥仍决意赶走那些撕咬着大鱼的鲨鱼,但无济于事;它们那丑陋而混乱的暴力行为,再一次引发了圣地亚哥的伤感——“我原不该出海这么远的,鱼啊,”他说,“对你对我都不好。我很抱歉,鱼啊。”但事实上这并非是伤感,而是下定决心去与这些掌控着叙事节奏的生物作斗争。圣地亚哥离家越来越近,他说:“跟它们斗。我要跟它们斗到死。”现在圣地亚哥和死亡之间仅仅隔着“生活的痛楚”了,但在他能够安稳地睡着以前,他是不会屈服的。

我们跟随圣地亚哥向哈瓦那的海岸返航。他同鲨鱼之间斗争结束了，但大马林鱼只剩下了一副骨架，圣地亚哥划着船载着它“驶回家乡的港口”。他“此刻超脱了这一切”，这种“现实生活”的终结感也从叙事语言的压抑语调中流露出来。似乎圣地亚哥已经得到了一种解脱，一种比伤感更深层次的感受。

上了岸，老人扛起桅杆，爬上山丘，艰难地走向窝棚。突然间，他“在街灯的反光中”，那看到象征着他成败荣枯的马林鱼的巨大骨架，就像是被施了魔咒，又仿佛是他的一个梦。老人扛着桅杆，慢慢走着，中途还跌倒过，最终才到了家，脸朝下倒在了床上；他“两臂伸得笔直，手掌向上”。倘若老人这般令我们想到了耶稣，那么我们也会期待他的卓绝牺牲将带来的回应。

男孩也看到了小船上绑着的马林鱼骨架，他同我们一样明白了圣地亚哥经历了什么，又做到了什么。男孩进了窝棚，看见老人睡着了，接着看到了他那双满是伤痕的手，就难过地哭了起来。即便圣地亚哥真的已经招致了毁灭，他也没有被打败。

我们通过叙事，一同见证和体验了圣地亚哥一个人的战斗——那战斗中的紧张感已然烟消云散，回想起来如梦一般，但我们确实同圣地亚哥一起明白了成就的真谛，体会了这过程中的成败枯荣；且看那马林鱼骨，旅途的意义都蕴含其中。马诺林也是明白这一切的。

打败老渔人的不是大马林鱼，而是贪婪凶残的鲨鱼。圣地亚哥和马诺林都这么认为：

> “它们把我打败了，马诺林，”他说，“它们确实把我打败了。”
>
> “它没有打败你。那条鱼可没有。”
>
> “对，确实是。我是后来才吃了败仗的。”

后来，码头上来了一群游客。尽管他们也看见了“大鱼那长长的白色脊骨”，但他们对背后的故事一无所知。我们作为读者，比他们了解得更多，也更能感同身受。

到了叙事的末尾，圣地亚哥和马林鱼之间的那场斗争的紧张氛围，转变成了老人与男孩之间的友爱与羁绊。二人之间的联系因杀死马林鱼的那杆鱼叉越发紧密——圣地亚哥希望马诺林收下它，因为它是男子汉的象征；而马诺林同样愿意收下它，因为它象征着老人独自一人的奋斗，鼓舞着更多这般英雄的事迹。圣地亚哥终于能够平和地入睡了，他又梦见了狮子；而马诺林受了他的鼓舞，渴望“出征”，捕来又一条“马林鱼”。读完了圣地亚哥的故事，我们又要回到自己的“现实生活”当中去了。

7　麦田里的守望者

《麦田里的守望者》是一本"小说中的小说"，是从主人公霍尔顿·考尔菲德的视角来写的，他特立独行，有时甚至略显怪异。作者塞林格在1957年的一封信中是这么评价主人公的："霍尔顿与他的第一人称视角是不可分割的。"我们可以这么说：霍尔顿为我们展现了他生命中的一段时光，一个从无知到有知的过程，既表达了一个少年因即将步入成年而产生的焦虑，也表现了他站在伊甸园的大门前、面对世俗世界川流不息的爱欲与死欲而感到的深深的踌躇。但我们的理解若仅限于此，便会忽视霍尔顿语言中所流露出的欲望，他希望读者对他所述的"荒唐生活"和他特立独行的生活体验作出回应。霍尔顿所描述的种种无法借由传统的谈话来传达，因而我们只能通过他富有感染性的语言来一探究竟。

塞林格说，主人公霍尔顿"对他的读者（或者说听众）持有一种极端歧视的态度"[①]。霍尔顿希望我们关注他，认真倾听他的话语，且这种倾听并非是出于他时而展现出的魅力（或是愤世嫉俗和自恋的情绪），而是因为他对自己所说的（或所写）内容十分上心，同时他也十分关注读者。故事并不仅仅是在描述霍尔顿16岁时面对的"现实生活"中的（使他困扰的）林林总总，更是他在17岁时对往日的遭遇做出的重述。这种叙述赋予了旧日生活以意义，只要我们敢于深入他的语言，便能体悟他的内心世界。

起初，霍尔顿比我们更为担忧。因而，他刚开始讲述便对读者心生

① 塞林格于1957年的一封信中写道。

疑虑——在某种程度上他怀疑我们会错过他的一些话——因为我们是“骗子”，关注的不过是些“循规蹈矩”的问题，这些在霍尔顿看来都是些“大卫·科波菲尔式的废话”。我们还可能很快便失了兴趣，一边喊着“离题啦”，一边把书丢到一旁——如此一来霍尔顿便消失了，我们却还未认识他的与众不同之处，也对塑造出他（及我们）的个性的“荒唐生活”知之甚少。

然而尽管霍尔顿心有疑虑，他还是乐意冒险的，相信我们“真想听他讲讲”。霍尔顿的哥哥 D.B 也是这样，他“几乎每个周末”都会从好莱坞到弟弟疗养的地方探视，尽管他后来在霍尔顿的眼中成了一个伪君子。故事开头，我们这些霍尔顿的“哥哥们”正陪在霍尔顿身边——一家疗养院里。霍尔顿的语言叙事不是线性的，而是回环式的；故事借助对主人公经历的回环式讲述，以及借由回忆和欲望来对自我进行的定位，使得我们能够深入人性。

霍尔顿说道：“我打算从离开潘西中学那一天讲起。”看起来霍尔顿无意将这个故事塑造成一部自传，因为他无从描述自己的出生，也无从预知自己成人后的境况。霍尔顿所挑选的开始讲述的时间（“那一天”）和地点（“潘西中学”）似乎是随心所欲的——这二者之所以有意义，只是因为他在那一天离开了那儿。这个开头有一种告别感，吸引着我们接纳霍尔顿的语言和他由此感所带来的欲求。倘若此时我们走开了，“霍尔顿”便会消失，所以我们要跟上他的脚步。

那一天是周六，霍尔顿独自一人爬到汤姆孙山顶，看着下方球场上潘西球队与撒克逊·霍尔中学球队之间的“厮杀”，听着场上传来的吆喝声。霍尔顿是击剑队的领队，击剑队一行原是前往纽约同麦克伯尼队比赛，然而霍尔顿把比赛用具一股脑儿全落在了地铁上，他们只得提前返回。“这事也不能全怪我，”霍尔顿说，“我得不住地站起来看地图，好知道在哪儿下车。”对此，我们不禁会想：霍尔顿是否本就不希望这次比赛成行呢？他仿佛失去了平衡，几乎落到了空隙之中。

接着，我们要同霍尔顿一起去向他的历史老师老斯宾塞告别。对于霍尔顿，这位老师似乎知道一些读者所不知道的事情，霍尔顿自己却犹豫着是否向读者和盘托出——“我忘了告诉你这件事，”霍尔顿说，

"他们把我踢出了学校。"或许原先我们是隐隐知晓了这件事,但到了现在才算是明白地知道了。霍尔顿的语言流露出信任感,他接着坦白道:"刹那间我想起了一件事,让我感觉到自己就要滚出这个地方了。""这件事"发生在"十月间",那时霍尔顿正跟同班同学铁奇纳和凯姆伯尔一起玩橄榄球。天越来越黑,黑得几乎连球都看不见了,可他们还是不肯歇手直到被迫停下。对于霍尔顿和我们而言,这是一个渐渐淡去、几乎无形的短暂时刻,但它确乎一直存在,从那时至今。它之所以存留下来,是因为肉眼不可见但足够真实的、人与人之间的关联感,因而不被黑暗所扰,成为了永恒——一个霍尔顿记忆当中的染上了告别意味的时刻。

随后我们跟着霍尔顿跑向斯宾塞的家,途中差点儿滑了一跤,几乎被冻僵了,跑得上气不接下气。当霍尔顿穿过一条马路时,他觉得自己"好像失踪了似的"。同时,他也希望我们能够体会这种感受:"那是个混账的下午,天气冷得可怕,没太阳什么的,在每次穿越马路之后,你总会有一种像是失踪了的感觉。""你"指的就是我们这些同他的语言和叙事关联在一处的读者。霍尔顿无法看到我们,若是抛开他的语言,我们也不能看到他;但霍尔顿感觉得到,我们也会被"冻僵",也会像他一样有种"失踪了的感觉"。

斯宾塞老师为了在假期到来以前同霍尔顿见上一面,曾留了一张便条,而现在霍尔顿来同老师告别了。霍尔顿走进老师的房间,对他说道:"您真是太费心了。我反正总会来向您道别的。"这个房间里充斥着疾病和衰老的气息,有一股维克斯滴鼻药水的味道,着实使霍尔顿感到泄气和悲伤。斯宾塞老师穿着睡衣,霍尔顿坐在床边听他谈生命:"人生的确是场球赛,孩子。人生的确是场大家按照规则进行比赛的球赛。"我们或可猜想,霍尔顿不是第一次听到类似的言谈,也不会是最后一次。但在霍尔顿看来,只有对"实力雄厚的那一边"来说,生活尚可说得上是一场球赛——而这样的人不过是骗子,行事总是遵循着类似球赛中的那些条条框框,并从中受益;这些规矩总是将他们和自我或是和其他人隔绝开来,使他们无法认清自己的与众不同之处。对霍尔顿来说,生命"不是什么比赛",它没有什么规则,有的只是行将消逝的某种秘密。

可以说霍尔顿正在从无知走向有知，然而他从少年走向成熟的成长过程却受到了限制；他感受到了世界正逐渐被战后兴起的消费主义意识所侵蚀，不由心生恐惧。但霍尔顿所期望的并不仅仅是守望那一份天真无邪，也不只是想要稳固明晰的性别认知；他最想表达的是深刻的人之欲，希望我们对此作出回应。

霍尔顿开始给我们讲述他的故事，但我们不禁会想知道，他是否会继续探究关于埃及人的"有趣的谜"——"埃及人到底用什么秘密药料敷在他们所包裹的死人身上，能使他们的脸经无数世纪而不腐烂"？倘若霍尔顿如此做了，我们或许并不会认为他是想要停滞时间，停下生命的脚步；而会认为他是想要放缓时间的脚步，使它更具深度和广度，使肉体免遭无谓的腐蚀，以此将记忆和欲望存留下来。他希望通过同老师富有感情的告别来感受人与人之间的联系，并将这种联系印刻在心中。霍尔顿希望时间慢下来，这样他才好认清自己在世界中的模样。

回到故事当中，霍尔顿此时还在与斯宾塞老师闲谈，但他现在希望我们想想别的事——中央公园靠南边的那个小湖。他心里琢磨："到我回家的时候，湖里的水大概已经结冰了，要是结了冰，那些野鸭都到哪里去了呢？我一个劲儿琢磨，湖水冻严以后，那些野鸭到底上哪儿去了。"结冰时节，鱼可以适应水下的环境，鸭子却不能，霍尔顿（或是读者们）也不行。倘若我们关注他的故事，便不能蓦地消失，丢下他一个人胡思乱想；我们也不能同斯宾塞老师那样，简单说句"好运"，就送他独自离去。

跟随霍尔顿，我们挥别斯宾塞老师，回到温暖舒适的宿舍。霍尔顿戴上了他的"红色猎帽"——这顶帽子是在纽约买的，就在他弄丢了击剑比赛用具之后不久——还将帽子上"很长、很长的鸭舌"得意地"转到脑后"。他此时十分惬意，也就不介意向我们袒露内心的孤独。他此刻回忆起自己读过的书，尤其谈到他最喜欢的那些作者——好到你会希望他们"是你极要好的朋友，你只要高兴，随时都可以打电话过去"。霍尔顿一定是希望我们对此感同身受，同他分享彼此的渴求。

接着霍尔顿提到了室友华西·斯特拉德莱塔和住在隔壁宿舍的罗

伯特·阿克莱。阿克莱和霍尔顿一样看起来十分另类,但又有些不同——阿克莱“十分古怪”,有着一口“肮脏的牙齿”,脸上还“长满了疙瘩”。这人懒惰又招人厌,所以不出所料,霍尔顿对他并不在意。阿克莱来到霍尔顿的房间时,霍尔顿便把猎帽的鸭舌转到前面,然后把鸭舌拉下来遮住自己的眼睛。阿克莱这人总是想引起人注意,他盯人的视线也十分令人恼火,霍尔顿认为遮住自己的眼睛,仿佛便能阻隔他那恼人的视线。但同时,阿克莱的种种行径也使得霍尔顿玩心大起——他在帽檐下的黑暗中幻想出一种与他人的无形的情感关联(见下段)。似乎眼下,阿克莱的存在渐渐消逝在了霍尔顿的回忆与欲望、由新颖深刻的语言所虚构的境况之中。

霍尔顿这般戴着帽子,什么也看不见。“我想我快要成瞎子啦,”霍尔顿用一种十分沙哑的声音说,“亲爱的妈妈,这儿怎么这样黑啊……亲爱的妈妈,把你的手给我吧。你干吗不把你的手给我呢!”阿克莱见此情形不由觉得霍尔顿是疯了,不该这么孩子气。但此刻一种由母性带来的温暖似乎让霍尔顿十分快活,于是他又将鸭舌转回脑后。倘若阿克莱不能理解霍尔顿,那么反过来也是一样的。他们同处在一个世界中,但都找不到合适自己的位置。然而此刻,霍尔顿借助语言找寻到了自己的位置,因而感到放松了(我们亦是如此)。

霍尔顿的室友斯特拉德莱塔看起来和阿克莱截然相反。斯特拉德莱塔是个运动员,有着宽肩膀,也是校园里的大人物,同时还是个面上和气的伪君子;他还喜欢光着身子在宿舍里走,总是冲着镜中的自己自恋。斯特拉德莱塔和阿克莱一样是邋遢鬼,不同的是,斯特拉德莱塔是“私底下邋遢”,但他表面光鲜,英俊得像是年鉴中的帅气男孩。如此看来,斯特拉德莱塔就是人生比赛中的胜者;而阿克莱则正相反,对他而言,人生“不是什么比赛”,外界环境也毫不友善,他也无法使自己适应主流文化的种种规则,显得格格不入。眼下看来,斯特拉德莱塔有着足以应付“比赛”的完美体魄,因而跟得上消费主义文化的潮流。

但霍尔顿似乎对这二人的特质,或是他们在“人生比赛”中扮演的角色兴趣缺乏。萦绕在他心头的是一种“他异性”,是一种极致的孤独感,这威胁着他(和他们)自身的存在。阿克莱和斯特拉德莱塔并不像表面上那般有着极大的不同——他们都时常令霍尔顿感到无趣和困扰，同时映射出霍尔顿自身的不完美和矛盾之处。即便这两人看起来都有些虚伪，但在这个世界中，他们确与霍尔顿产生了关联，这种社会性的关系使得霍尔顿不致完全被孤独所吞噬。

斯特拉德莱塔对霍尔顿说自己正同琴·迦拉格(还把她的名字记成了琼)约会时，霍尔顿几乎要倒在地上"死去了"。事实上，霍尔顿知道琴，还对她十分上心，由此我们不禁猜想霍尔顿是在担心斯特拉德莱塔会利用琴，同她发生关系，如此玷污她的清白和天真——这是真相，但不是全部的真相(就像霍尔顿爱说的那样)——霍尔顿想到琴时所担忧的并不只是她(或是别的什么人)的天真无邪。霍尔顿告诉我们，琴是个舞蹈家，平日里也会练习(就像后文提到的霍尔顿的妹妹一样)，饱受酒鬼继父所扰。霍尔顿曾经吻过琴脸上的每一处(除了嘴唇)，和她一起看电影，还被她爱抚过脖子(这个动作往往是成年人才会做的)。看起来琴并不如霍尔顿所担心的那般是完全天真无邪的。

霍尔顿告诉斯特拉德莱塔，琴在下象棋时从不走"国王"：因为"她只是喜欢看着他们时，他们都在后排的方式"。琴不走"国王"或许是出于天真无邪，但也极有可能是故意为之；她并不在意输赢，关心的只是这个使她摆脱"糟糕童年"的愉悦时刻——此刻的她是被关心的、被爱的。霍尔顿认为，斯特拉德莱塔对这些并不上心，他不过是个"好色的杂种"，十分自恋，目光短浅，是个热衷于(无形或有形的)权势的伪君子；同时他无法或是无意了解那些无法被掌控之事：每一独特时刻所蕴含的谜团。在霍尔顿看来，斯特拉德莱塔之所以可能堕落，并不单单是因为性(我们也具有)，而是他带有攻击性的性冲动削弱了性本身的内涵，使之成为了一种单薄的消费行为，仿佛认识他人就等同于占有他人。

这并不意味着霍尔顿畏惧性之类的人类经验，他只是迫切地希望寻找"好色的"(诸如斯特拉德莱塔)、"聒噪的"(例如阿克莱)、"好为人师的"(老斯宾塞)混蛋们的替代品，他需要认识某类人——他们坚信人能够理解所不能理解之事，明了个体是独立且完整的，坚信内涵总比表面表现出的更为深刻。在霍尔顿看来，他给予读者的礼物是他自身的讲述，而非故事本身。霍尔顿“现实生活”中的种种插曲大多是受消费者文化或是最近一次世界大战的影响，它们就像性别差异或是类似的事物一样萦绕在他四周，使他困惑、沮丧；但现在他似乎得迂回地接近它们——这些插曲需要被关注，需经语言讲述，如此才能引发我们的欲望和关注，也能帮助我们了解自身的共性和个性。因此霍尔顿后来才说，最好的战争诗人不是鲁伯特·布鲁克而是艾米莉·迪金森。

斯特拉德莱塔希望霍尔顿帮忙代写一篇作文，我们因为这篇作文得以知道有关霍尔顿弟弟的事——“他已经死了，”霍尔顿突然说道，“是一九四六年七月十八日我们在缅因的时候患白血病死的。”艾里三年（或者四年）前患病去世时，与现在的小妹妹菲比是一般年纪。毫无疑问，艾里之死一直以来都使霍尔顿感到心伤烦扰——无论是他的悲伤、渴望、闪现的暴力念头、孤独，还是因失落而骤起的焦虑，还有他的贴心和与他人建立的联系，都无疑与艾里之死有关。尽管艾里去世的那日（1946 年 7 月 18 日）如同镌刻在墓碑上一般鲜明而永恒——这是霍尔顿的故事中唯一精确的时间——但艾里的死依然如时间本身一样是动荡多变的。艾里的死贯穿了霍尔顿生活中的每一分和每一秒——“他已经死了”，但这死亡已成为了永恒。霍尔顿总能“感受”到艾里，他无法全然认识艾里，但又怀着十分的关切；艾里是他生命中一个抽象的谜团，他不能理解，却也不愿它消失。霍尔顿不仅仅是在向我们将故事娓娓道来，从本质上来说，他也在为艾里讲故事，为艾里指引方向，“赋予”其生命——这表现出霍尔顿道德上的勇气，既是一种承诺也是一种关爱。同时，艾里之死反过来也升华了霍尔顿的故事。

斯特拉德莱塔托霍尔顿写一篇平淡无奇的描写性文章，不必出彩，不要出格，甚至无需原创，标点还得故意放错地方（以免老师怀疑）。但霍尔顿没有依照斯特拉德莱塔的想法描写一个房间；他选择描写弟弟艾里的棒球手套，这副手套的“指头上、指缝里到处写着诗”。霍尔顿这样做了，但他并不知道自己之所以如此的原因；然而当他把这件事讲述给我们听时，我们感到这并不是因为他执着于“搏出位”，而是希望将其献给艾里（和我们），同时也得以认识人性中的闪光点。可以说霍尔顿是希望永远记住艾里，且将他的那份（仿佛渐渐消散的）纯真保藏于心的——然而这并不是全部的真相。通过霍尔顿所讲述的故事,我们可以知道,霍尔顿正在塑造自己的"现实生活",艾里之死带来的痛苦盘桓在他(和我们)心头;他将这份痛苦用语言表述出来,由此我们便会和霍尔顿一同感受到那份深刻且无法逃避的"告别感"。

霍尔顿并非是到了成长的瓶颈期,或是患上了"彼得潘情结",也并非是陷入拯救孩子们的天真、使他们不至堕落的幻想中而不能自拔。霍尔顿是在寻找一种途径,使得他既能适应复杂和矛盾的俗世,适应这"荒唐生活",又不致迷失自我或是丧失自我的独特性。

但自艾里死后,这种独特性便荡然无存了。四年前,艾里去世的那天,霍尔顿用拳头把车库里的玻璃窗全都打碎了,他的手至今仍留着那会儿造成的伤痕。这创伤就如死亡本身一样,不断烦扰着霍尔顿的内心,也是他总在转学的原因之一。然而我们不禁怀疑,是否他现在所讲述的、一切行将崩溃的境况,才是故事的真正开端。

我们作为读者,不能期待斯特拉德莱塔对这些有所了解,而霍尔顿也无望在斯特拉德莱塔在与琴约会归来后,听到一些关于她的事。类似的,我们也不能指望斯特拉德莱塔能够了解霍尔顿这篇作文的意义——他看了看作文,只是说道:"你干的事情没一样对头。"我们应当还记得,霍尔顿对我们有着期待:继续倾听他的故事。

斯特拉德莱塔从约会归来后,对于霍尔顿所关心和询问的一些事只是敷衍,霍尔顿因此变得狂乱起来。霍尔顿出手打了斯特拉德莱塔,两人之间的混战一触即发,霍尔顿对那一时刻的记忆仅仅是:"底下情况,我记得不太清楚了……我也许打得他有点儿疼,可并不疼得像我所希望的那么厉害。我本来也许可以打得他很疼,可我是用右手打的,一点也使不上劲。"——霍尔顿再一次邀请读者("你"和"我")倾听他的故事,关于他(和它)何所从来和他的改变;他创造了一个语言空间(语言间隙),与我们分享。

尽管霍尔顿与斯特拉德莱塔经历了一场混战,鼻血都流了出来,但霍尔顿表示自己是爱好和平的:"我是个和平主义者,我老实跟你说。"霍尔顿确实是个和平主义者,但并非每时每刻;他是个潜在的杀手,像是一个心怀复仇或怨恨的自杀式爆炸袭击者。霍尔顿说,倘若自己能做到便已杀了斯特拉德莱塔，但他没有能力（或者不会）这样做。但霍尔顿接着告诉我们："不管怎样，我们发明了原子弹这事倒让我挺高兴。要是再发生一次战争，我打算豁出去干脆坐在原子弹弹头上。我愿意第一个报名，我可以对天发誓，我愿意这样做。"我们不禁会想：他为了保持自我所寻得的究竟是何种途径？

霍尔顿同斯特拉德莱塔决裂了，因此他重新与阿克莱联系了起来。此时的阿克莱看起来有些像是鬼魂："在黑暗中看去他有几分像是幽灵。"就在黑暗中，霍尔顿同阿克莱简短地交谈，还向他伸出了自己的手，但又一次遭到了拒绝："他（阿克莱）把手抽了回去。"现在宿舍一片黑暗，所有人都睡着了，霍尔顿再一次变得孤独，并感到这种孤独难以忍受。突然间，霍尔顿决定"就在当天晚上"离开潘西，但他不能在星期三以前回家，他的父母会在星期三接到他被开除的通知。霍尔顿拿着行李，准备离开潘西，前往纽约。动身以前，他很是悲伤，出声大喊，与潘西的一切"告别"。

霍尔顿离开了学校，踏上了前往纽约的火车。霍尔顿本应感到悲伤和失落，但从他的讲述看来，他很有活力。在火车上，霍尔顿遇到了同学摩罗的母亲，向她胡乱编造了一通摩罗的"事迹"，还假装自己的脑袋里长了一个"小肿瘤"。似乎驱使霍尔顿前行，并不至完全崩溃的是语言本身以及同他人分享的故事：他的故事并不可信，但他讲故事的渴望确实阻止了他的堕落，乃至消失。

火车一到潘恩站，霍尔顿就进了电话亭，"想跟什么人打打电话"——他先是想到了自己的家人，哥哥 D.B 或是妹妹菲比；接着又想到了前女友萨丽·海斯；再然后是胡顿中学的辅导员卡尔·路斯，此人常常在夜深人静的时候，在房间里纠集一帮人谈论性。霍尔顿最终还是没给任何人打电话，而是招了一辆出租车。他心不在焉，竟然将家的地址报给了司机，这一点值得我们注意。出租车在中央公园里走到一半，霍尔顿才突然醒转过来，自己此刻不能直接回家："我当时真是心不在焉，竟出于老习惯，把我家的地址告诉了司机——我是说我压根儿忘了我要到旅馆里去住两三天，到假期开始后才回家。直到汽车在公园里走了一半，我才想起这件事来。"

或许霍尔顿的心不在焉当真是由“习惯”导致的,或者说是这种心不在焉使得霍尔顿按“习惯”行事。要司机往家去——在这不安的时刻带来了一丝虚假的安稳。对于霍尔顿(和我们)而言,这或许使他得以暂时摆脱创伤和极度焦虑。然而霍尔顿还没有准备好,故而既不能回家,也不会(如后文那般)去疗养院,而是“到旅馆里去住两三天”——这不是度假,而是为了延迟不可避免之事的来临。

霍尔顿坐在出租车里,突然想起了中央公园南头浅水湖里的鸭子,便从心不在焉的状态中醒转过来。这是一种思维爆发,需要霍尔顿对此作出反应;霍尔顿就此问了司机一个问题,看起来有些像是偏离了主题:“嗨,听着,你知道中央公园南头浅水湖附近的那些鸭子吗?那个小湖?我问你,在湖水冻严实以后,你可知道这些鸭子都上哪儿去了?你知道不知道,我问你?”霍尔顿想要知道答案,同时也希望读者去思考这个问题,跟上他的脚步。

下了车,霍尔顿住进了爱德蒙旅馆。他往窗外望去,看到邻近房间里有一个异装癖,而在另一个房间里,“看见一对男女在用嘴彼此喷水”。倘若鸭子的消失(和更早之前艾里的消失)是霍尔顿所烦扰的一部分,那么如今,性欲也加入进来;在霍尔顿看来,性欲同暴力和反常是相关联的。霍尔顿在心底或许是一个杀手,也许是“天底下最大的色情狂”,但他仍是一个和平主义者,也愿意承认自己“的确不太了解性这东西”。他是复杂而矛盾的人类的一员。

接着,并不出乎意料,霍尔顿想起了琴。他为性欲所扰,不由得想给琴打个电话。霍尔顿想,倘若给琴的学校打电话,他一定会假装自己是她的舅舅,捏造她“舅妈刚才被车撞死了”的谎言来联系上她。霍尔顿的突发奇想本来是可能成功的,但他这会儿“情绪不对头”,便放弃了这么做。

霍尔顿转而给费丝·卡凡迪西打了一通电话,此人是一个“脱衣舞女或是别的什么”,住在斯丹福旅馆。费丝似乎愿意第二天同霍尔顿一块儿“喝杯鸡尾酒或是别的”,但当晚不行。霍尔顿回绝了,他表明只有当晚有空,希望费丝考虑一下。我们作为读者,已经开始渐渐适应了这种叙事节奏。

我们或一直猜想：霍尔顿是一个典型的、充满焦虑的青少年，脑中充满了对杀戮和性的幻想和狂热，对成人世界无所适从，更难以认识肉体的局限、欲望和终局。倘若事实确实如此，我们作为读者可能也会猜想，我们是否也为这般焦虑所扰呢，是否能够另辟蹊径来缓解这般痛苦呢？霍尔顿此时还在旅馆里，他换上了一件干净的T恤，打算换种思路（来缓解焦虑），遂决定给妹妹菲比打一通电话——他“真想找菲比聊聊天”。同菲比聊聊似乎成了他最大的希望。

菲比和艾里似乎惊人地相似，他们都是一头红发。霍尔顿评价说：“你真应该见见她……不管跟菲比讲些什么话，她总能知道你讲的是什么。”菲比现在同艾里死时是一个年纪，和他一样十分聪明，功课也做得很好，只是“有时候有点儿过于亲热”。我们或许会猜想，了解了菲比似乎就能了解艾里，起码能够了解到一些随着艾里的去世而无法再了解到的事。霍尔顿（和我们）是很期待菲比的：“你没事总想跟她在电话里聊聊。”她既是又不是艾里。“她也简直要了艾里的命，我是说他也喜欢她，”霍尔顿告诉我们，“她现在十岁了，不再是那么个小孩子了，可她依旧惹每个人喜爱——每一个有头脑的人，嗯。”菲比就如同堕落以前、伊甸花园中的那个夏娃，她和艾里截然不同，但又时常会令人想起艾里，因而对死去的艾里而言有着双重的意味。菲比象征着一种浪漫的情怀，带有乱伦的意味，同时也预示着不可避免的悲剧的别离。

接着，霍尔顿来到薰衣草俱乐部。在这里，他碰上了三个三十岁左右来自西雅图的姑娘，蓓尼丝、马蒂和拉凡恩，（在霍尔顿看来）她们三人想与明星来个偶遇。霍尔顿觉得她们三个都是傻瓜，尽管蓓尼丝是个“很棒的舞者”，仿佛是快乐的化身；当霍尔顿同她跳舞时，她的身体变做了舞蹈本身，霍尔顿手中只能感受到无形的节奏，而丝毫感受不到她的肉体。

蓓尼丝最终还是同霍尔顿分道扬镳了，这使霍尔顿感到难过；但她身体的韵律也使霍尔顿明白了，有些发端于物质世界的东西一样是无形而不可捕捉的，他由此又一次想起了琴。霍尔顿离开了薰衣草大厅，他说：“我脑子里忽然又想起琴·迦拉格来。”琴是“唯一一个除了（霍尔顿）家里的人以外，看过艾里那只写着诗的棒球手套的人”。琴和斯特拉德莱塔不同，她对“这类事很感兴趣”。

琴在与霍尔顿下象棋时，总是将国王放在后排，但她并非毫不作为，也不是块“冰块”。霍尔顿曾与琴在黑暗的电影院中手牵着手，琴有时会把手搭在霍尔顿的后颈，就像霍尔顿有时对菲比做的那样。琴的继父——“那个酒鬼”——似乎已经扰乱了琴的那份天真，但琴的遭遇是她个性的一部分，是霍尔顿（和我们）永远无法完全理解的谜。霍尔顿说：“琴是与众不同的。”这种不同也造就了霍尔顿的与众不同，使他“疯狂”，并继续前行。

中央公园里的鱼儿能在冬天冰封之时不受影响，仍旧栖居水下；但鸭子们则不同，它们无法适应这样的环境，只得离去，以免“被冻住整整一个冬天”——显然，霍尔顿更像鸭子，而不像鱼。这般离去暗指了新的邂逅，响应了飞翔的召唤，使这离去本身有了永恒的意义，避免了僵化（乃至无趣）。霍尔顿通过接下来欧尼夜总会中的遭遇向我们证明了这一点。在这里，他遇见了哥哥 D.B 旧日的女友莉莉恩·西蒙斯，莉莉恩正与一个“屁股后面好像藏着根拨火棍”的海军军官在一起。

“‘霍尔顿，来跟我们坐在一起吧，’莉莉恩说。‘我马上就要走了，’我对她说，‘我还有个约会。’”

霍尔顿回到住处，“开电梯的家伙”毛里斯给他介绍了一个名叫孙妮的妓女，讽刺的是孙妮同霍尔顿一样年轻、无知。孙妮来自被霍尔顿视做嫖娼、堕落的代名词的好莱坞，但她说起话来有时显得还是那么天真——“我不想把我这件衣服弄皱，还是崭新的呢”。孙妮和毛里斯有着契约关系，一心只关注眼前这桩买卖，十分看重时间，显得她少有人情味儿——她问霍尔顿道：“你有手表吗，嗨？”

我们可能再次猜想，霍尔顿这个满心焦虑的少年还无法应对这般场面，还在迟疑是否进入性的世界当中，心中不由得产生对成人世界的恐惧——这个由骗子们掌控的堕落的世界日后必将背叛他。于是，霍尔顿转而想和孙妮聊聊，而且是真诚地聊聊；霍尔顿不愿，或许是不能堕落到那个肮脏的世界当中去。但这同样不是全部的真相。就像霍尔顿同孙妮说的那样，他觉得自己是早熟的，至少他愿为自己的错误埋单。霍尔顿的错误或许是同毛里斯那样的人做了交易，又或许是期待同孙妮这样的人发生性关系；换言之，他的错误是与他人交流的天性，是将欲望加诸于他人，是认为有了力量便能掌控一切，是企图占有他人，是以他人为代价来愉悦自我。在霍尔顿看来，这样的错误加深了人类的悲哀。因为它既是对旁人的，也是对我们自己的一种背叛。

孙妮一离开，霍尔顿就被这种悲哀所驱使，不由得开始“大声跟艾里讲起话来”。我们注意到叙事再一次进入了循环，霍尔顿的叙事节奏、记忆与欲望总是能将故事引到艾里身上。艾里之死始终萦绕在语言周遭，盘桓在霍尔顿讲述的故事当中。这个故事关乎寻找：寻找一条旁路以避免自我的堕落和僵化，寻找一个途径使自我免于对旁人的背叛。霍尔顿试图拯救他（和我们）的生命。

霍尔顿想起了自己曾告诉艾里：“回家取你的自行车去，我在鲍比家门口等你。快去。”这是一个理应被实现的承诺（伦理意义上的合同），但奇怪的是，它出现在霍尔顿并不希望艾里同行之时。霍尔顿独留艾里一人便径直离去了，这是一个不必要的错误，是一种令人感到遗憾的背叛；伪君子才会做这事，而现在和未来，霍尔顿都会为此抱憾。

接着，皮条客毛里斯和眼下看来“令人毛骨悚然”的孙妮闯入了霍尔顿的房间，要他再付五美元。霍尔顿因为此前与孙妮的交涉，已经预想到了这个局面，但他仍拒绝再付这不合理的五美元。毛里斯因此动用了武力，他将霍尔顿按在了地上还拿走了钱。霍尔顿说：“只是，这一次我以为自己快要死了。我真的这样以为……我的呼吸十分困难。”霍尔顿遭受如此野蛮的对待，但无力反击，他唯有在想象中施行报复——他用枪把毛里斯打成了筛子，身后还有琴为他包扎伤口——这个想象充满了暴力。我们还记得霍尔顿是躺在疗养院的床上同我们讲述这个故事的，他这会儿正濒临自杀，幻想将自己同炸弹绑在一块儿，想起了跳楼自杀的老同学詹姆斯·凯瑟尔。无论如何，我们认识到霍尔顿并非是和平主义者，但他确乎不想真的自杀或是杀害他人。毫无疑问的一点是，他并不想死。

一些读者（例如马克·大卫·查普曼和约翰·辛克利）或许会认为，霍尔顿对一些末日般的结局颇感兴趣——火山喷发、爆炸以及复仇——这样的想法是错误的。尽管复仇似乎能够让我们穿越黑暗，找寻到光明。霍尔顿天马行空的想象似乎确实充斥着种种“末日时分”，但他的身体仍停留原处，并未予以施行。霍尔顿想要的并不是终结，而是希望另辟蹊径，找到自己在世界当中的定位，继而认识自我。霍尔顿无意妥协，而是抓住种种能够认清复杂自我的机会。但我们读者仍旧无法看见霍尔顿，只能听见他的声音和他的故事。

毛里斯和孙妮离开的第二天早晨，霍尔顿给萨丽打了一通电话，约她周日一同看演出。接着，霍尔顿去吃早饭，在那儿他遇见了两个正在旅途当中、拎着箱子的修女。霍尔顿在她们的募捐篮中放了十美元(或许是为了抵消给皮条客毛里斯的那十美元)，然后同她们攀谈起来。霍尔顿很好奇这些修女是如何教授“那种描写情人之类的作品”的。这些修女是完全成熟的成年人，在霍尔顿看来(就像琴、菲比和艾里一样)十分真实。霍尔顿觉得她们不是骗子，收集善款是为了帮助他人(而不是像他的母亲那样为了参加慈善晚会)，她们热爱读书和讨论文学。尽管霍尔顿同这些成年人在一起时并不能完全放松，但他确实是乐意且能够同她们交谈的：“说老实话，跟她讨论《罗密欧与朱丽叶》，真有点不好意思。我是说这个剧本有些地方写得很肉麻，她呢，又是个修女什么的。可是她问了我，我也只好跟她讨论一会儿。”

吃完早饭，霍尔顿向“百老汇走去”，想为菲比买一张名叫“《小舍丽·宾斯》的唱片”。唱片不是白人姑娘唱的，内容也不仅仅是关于一个掉了两颗门牙的小姑娘；唱片是一个来自遥远地方的歌手在二十年前录成的——“这是张非常了不起的旧唱片，是黑人姑娘艾丝戴尔·弗莱契在约莫二十年前唱的。她唱的时候完全是狄克西兰和妓院的味道，可是听上去一点也不下流”。在霍尔顿看来，这首歌是特别的，蕴含着悲伤和失落，同时带有一种无邪的性的暗示，既引发欲望亦能带来伤感。这首歌同他的过去和未来、恐惧和希望产生了共鸣。霍尔顿买下了唱片送给菲比，这是一种表达关切的行为。同时，霍尔顿为此花费的五美元，也和最初与毛里斯谈妥的同等嫖资照应了起来。

霍尔顿走在路上，留心到了一家子——“父亲、母亲，带着一个约莫六岁的小孩子”——我们最初或许会认为这只是一次偶遇，但随着霍尔顿的叙述又一次陷入了我们所熟悉的虚幻，我们就明白了这种遭遇是必然的。霍尔顿觉得，这“挺不错的”，这使他“心情舒畅了不少”（或许我们也是如此），不再感到焦虑，甚至有了些许期待。这个小孩子并没有同父母走在一块儿，而是独自一人沿着“人行道”走在马路上，但他在精神上是同他人联系的，并不孤独。这个孩子像一般孩子那样在走着直线玩，一边走一边还哼着歌儿——霍尔顿描述道：“他只是随便唱着玩……嘴里唱着‘你要是在麦田里捉到了我。’”这似乎使得霍尔顿暂时安定了下来，但我们不禁会想，这个孩子唱的真的是“捉到了”，而非原版歌词中的“遇到了”吗？还是霍尔顿听错了呢？“捉”这个词不仅仅使霍尔顿幻想成为一个“守望者”，一个天真孩童们的保护者甚至是拯救者，还意味着肉体是能够被“捉到”、被认识的——这种不可能的知识是能够被掌握的。

霍尔顿此刻的幻想同他过去有过的（疯狂的爆炸者和杀手）是不同的，但它们都发端于他的内心，源于其自我边缘的强烈欲望。即便霍尔顿不能在“现实世界”中成为麦田里的守望者，这种幻想也无疑会暂时给予他希望。这种幻想就如艾里之死一样，会成为永恒的回忆；它将深深刻入霍尔顿的内心，成为他的一部分，伴随他的过去、现在和未来。

霍尔顿买了两张由伦特夫妇主演的百老汇剧《我知道我的爱》的戏票，等待同萨丽·海斯的约会。接着，他向自然历史博物馆走去，途中想起一些事，想起了妹妹菲比。霍尔顿没有进博物馆，反而想起了过去同学校里的同学一道到这里游玩的时候，尤其是里面那间印第安馆，那里展示的一切总是一成不变——正在捕鱼的“爱斯基摩人”、正“飞往南方过冬”的鸟儿、令人毛骨悚然的巫医和袒胸露乳的印第安女人。这些场景或许使他（和我们）产生了别的担忧。但霍尔顿觉得，这儿“干燥又舒适，一切都在原地，从不改变”；在他看来，博物馆同他刚刚碰见的一家子一样“令人觉得舒坦”。然而在这里，谜与阴谋并非完全无迹可寻。这里的一切“谁也不会变样，谁也不挪移一下位置”——就像琴的“国王”总是待在后排——每一次重新回到这里时，“唯一变样的东西只是你自己”（就像读者每次读霍尔顿的故事一样）。换言之，这里能够让你认识到自己的与众不同之处，直到你重回“现实生活”中熙熙攘攘的城市街道。就像语言叙事一样，这里充斥着回忆与欲望、爱欲与死欲，这里同样能够使你成为永恒。倘若今天是星期六，菲比或许会在博物馆里，但今天是星期天，霍尔顿便没有走进博物馆去寻她，转而去赴约。

萨丽来了，霍尔顿说自己第一眼看到她时，好像"爱上了她，想跟她结婚了"；但很快他自己又否认了这点，觉得"心里有点作呕"。萨丽看起来很漂亮，也不介意和霍尔顿在出租车里"胡搞"。看起来霍尔顿被她吸引了，但又并非如此——对于这种似是而非，我们读者已经习惯了，同时对这种矛盾(和复杂)也不再感到讶异。霍尔顿就是这样同他人和自我反复讲述他的"现实生活"和从中衍生的故事的，我们认识自我时也是如此。

百老汇剧开演了，主演的(十分特别的)伦特夫妇在霍尔顿看来有些像是过去在钢琴酒吧遇到的欧尼——他们很有才华，而且觉得自己是名人，有些"卖弄"——他们更喜爱自己表现出的那一面，而不是表演本身；他们喜欢被人欣赏，而对他人真实的面目毫无兴趣(这种真实也不可能表现出来)。

看完演出，霍尔顿和萨丽来到无线电城冰场溜冰；霍尔顿显然被萨丽换上的那条"只遮住屁股的蓝色短裙"给吸引住了，觉得"她的小屁股很是漂亮"。但霍尔顿主要感兴趣的并不是一种性征服，或是一种视觉享受，而是一些更加难以解释的东西——他觉得萨丽可爱，却无法占有甚至了解，他也无法定义萨丽的真实自我。

在萨丽看来，霍尔顿渐渐有些"疯"了，说话前言不搭后语，几乎让人没法理解，所以她告诉霍尔顿："我甚至都不知道你在说些什么。"就如霍尔顿在与修女谈论文学时关注的是提伯尔特，而不是主角罗密欧与朱丽叶，使得修女希望霍尔顿换个话题；眼下萨丽也希望霍尔顿说些别的。但我们作为读者，能够感受到霍尔顿内心的混乱和痛苦，他希望萨丽(和我们)去关注他。是艾里造成了眼下这一切和这般"荒唐生活"吗？

霍尔顿握住萨丽的手，同她讲述自己的梦想：开车到马萨诸塞和佛蒙特州去，住在一间小屋里，之后可能和她结婚。这是霍尔顿的幻想，是一种包含了婚姻承诺的可能实现的途径(这似乎也是作者塞林格自己选择的道路)。但对于此时的萨丽而言，这完全是一通不成熟的胡言乱语，毫无意义。“这简直是异想天开，连一点——”萨丽这样回答道，似乎难以作出结论。霍尔顿打断了她的话：“这一点不是异想天开，我能找到工作。”萨丽觉得，这样的事得等到以后才能实现，起码得等到上了大学以后再考虑结婚的事，那时便会“有的是好地方可以去”。然而霍尔顿恳求萨丽“仔细听着”（他的话），等上了大学“情况就完全不一样”了——那时他们会做着和他人一样千篇一律的事，生活也毫无惊喜。霍尔顿觉得萨丽根本不懂这些事，她的想法是不可能实现的，是人云亦云，毫无特色。霍尔顿说：“你一点也不明白我的意思。”

萨丽不明白霍尔顿的心思，霍尔顿希望我们是明白的。毫无疑问，在霍尔顿看来，萨丽不过是那些讲究实际的伪君子中的一员，被条条框框所束，不愿去理解自己的疯狂想法。霍尔顿讨厌陈词滥调，讨厌萨丽这样的伪君子（至少在霍尔顿看来是如此）。霍尔顿觉得，萨丽变得平凡无奇了。若霍尔顿真像萨丽认为的那样是疯狂而难以理解的，那么霍尔顿可能也并不能明白自己的想法。他如何能呢？谁能理解不可能理解之事呢？

我们跟随霍尔顿的故事至此，现在他似乎正处于自己语言的边缘与界限，行将崩溃。但在当时他并没有变得一言不发（现在也没有），而是把萨丽气哭了：“你真是讨厌极了，我老实告诉你说。”萨丽说她“活到这么大，从来没有一个男人跟她说过这样的话”。霍尔顿的言语攻击影射了他的暴力幻想。霍尔顿试着向萨丽道歉，但没有得到原谅。我们作为读者是明白的，这只是他的疯狂生活中的一段插曲，他建立在“现实生活”上的故事还将继续讲述下去。

离开了冰场，霍尔顿给琴打了电话，但没有人接，他便到无线电城的音乐大厅去看圣诞节目。后来他同过去待过的胡顿中学的辅导员卡尔·路斯碰面。刚开始，霍尔顿似乎想从路斯那里得到一些关于性的建议，但他最担心的还是路斯可能会和萨丽（以及艾里）一样，“起身离开”。霍尔顿眼下无法经历一次“道别”，所以当路斯让他住嘴时，他立刻照做了。尽管路斯表面上看来与萨丽有诸多不同，但他们的话似乎差别甚微，路斯告诉霍尔顿：“听着。咱们把话说清楚。今天晚上我拒绝回答任何一个标准的考尔菲德问题。你这家伙到底什么时候才能长大？”

路斯接着谈到了东方哲学，霍尔顿听后对东西方差异产生了浓厚的兴趣，尤其是听到路斯说东方人“把性关系看成是肉体和精神的双重关系”时。倘若真的如此，片刻之间霍尔顿就为自己的信仰和欲望发现了一种新的可能。因此霍尔顿想与路斯就这个问题继续聊聊，但路斯拒绝了，因为他抗拒谈太过私人的事——路斯不希望，或者说无法告诉霍尔顿任何可能伤害到他自己的事。“你的头脑还没成熟。”路斯一再坚持这一点，以此逃避霍尔顿（和他自己）的问题。

路斯建议霍尔顿去见见自己的精神分析专家父亲：“他只是跟你谈话，你也跟他谈话。”但在霍尔顿和路斯之中，究竟是谁应当接受心理咨询呢？或许他们都是需要的。随后，霍尔顿眼中的这个“讨厌鬼”路斯离开了。

霍尔顿的心受了伤，并且没有得到治疗。这个伤口正在滴血，它太过私密，旁人无法理解。霍尔顿留在酒吧中，喝醉了，精神几乎进入癫狂的状态，身体也觉得不舒服。自霍尔顿离开潘西中学之后，已过了快一天的光景，尽管他离家很近，但他在周三以前还是不愿见到父母。霍尔顿唯一的想法就是见见菲比，于是他不顾天黑，往中央公园去了。

然而不幸突然间就发生了——“接着在我进公园的时候，发生了一桩可怕的事。我把菲比的唱片掉在地下了，碎成了约莫五十片”。

但霍尔顿还是把碎片收了起来，放在衣兜中，仿佛保存着它们，往后还可能换成一张新唱片。他无法丢弃这些碎片，就如同他无法抛弃自己的生活一样；他不愿死去，尽管他那时从表面上看近乎死亡。

霍尔顿在一片漆黑中向浅水湖摸索，“周围也越来越黑、越来越阴森可怕”——霍尔顿的生活也越来越形同鬼魅。他到了浅水湖，发现那湖“一部分冻了，一部分没冻”，一只鸭子也没瞧见；而霍尔顿此刻冻得几乎死去，还险些掉进湖里。

当霍尔顿独自一人徘徊在黑暗的公园中时，倘若不是心中对艾里、菲比和父母的情感，或许就死去了。但他脑中浮现的种种回忆促使他振作起来，“走出公园回家了”。此刻他还想着，倘若自己死了，菲比会如何呢（是否同自己对艾里之死的想法一样呢）？

霍尔顿不得不像“小偷”一般溜进家中，尽管未被发现，但显然是不合规的。霍尔顿一进到家中就明白了，这里同博物馆一样，既令他感到熟悉又感到有些许不同，可他“确实知道自己已经到家了”。他不是很清楚“到底是什么”让这些地方有着自己的气息，但他能感受它，并且希望通过自己的语言让我们也体会到这些。

霍尔顿到家时，和他前一晚离开潘西中学差不多时间。因为他离开了学校，所以此刻回到家中的感受同以往大不相同。霍尔顿蹑手蹑脚地走到了菲比的房间。他或许是个典型的少年，但同时他看起来也有些“疯狂”，有些像是爱伦·坡笔下的讲述者，选了一个不合适的时间顺着自己的心意进入他人的房间：“最后，过了那么一个钟头以后，我终于走到了菲比的房间。”菲比没有在自己的房间，霍尔顿最终是在哥哥D.B的房间里找到了她；菲比正在睡觉，“嘴还张得挺大”——琴也总是这样睡觉。霍尔顿读了读菲比的笔记本和记录的一些事后，叫醒了她。

菲比很亲近人（霍尔顿有时觉得太过亲热），醒来后看到霍尔顿感到十分兴奋（霍尔顿也是如此）。两人聊了聊哥哥 D.B、电影，还有菲比即将参演的校园剧，她在里面要饰演一个名叫班纳迪克特·阿诺德的叛国者。菲比接受了霍尔顿弄碎了的唱片，还将碎片妥善保存在床头柜的抽屉里。他们二人的聊天看上去似乎就是平常兄妹间的闲谈；但当菲比知道霍尔顿又一次被开除了，竟出人意料地（有些像是疯子般的）打了霍尔顿一拳，就像是霍尔顿先前对斯特拉德莱塔做的那样。“爸爸会要你的命！”她说着，就把头埋在了枕头里，躲开了霍尔顿的视线，怎么也不肯松手。“她真跟我绝交了，”霍尔顿想，“就像潘西击剑队那样对待我，在我把所有那些混账圆头剑丢在地铁上以后。”

尽管菲比十分担心父亲会杀了霍尔顿（当然这只是一种夸张），但霍尔顿毫无疑问一点儿都不担心。“谁也不会要我的命，”霍尔顿先是说道，接着又说，“他至多再痛骂我一顿，然后把我送到那个混账的军事学校里去。他至多这样对付我。”

倘若霍尔顿仍未找到安全的立身之地，那么他显然不会折服于父亲的规矩。霍尔顿决定打破规矩，以寻找新的出路和一个（或许是存在于想象中的）栖身之所，以此来保存与众不同和不可侵犯的自我。霍尔顿所追寻(或是害怕)的不是死亡或暴力,而是在世界中生活的方法。“我大概得到科罗拉多的农场上去了。”霍尔顿告诉菲比——这像是先前住在林中小屋的梭罗式想法的升级版,也就是被萨丽否决的那个想法。

霍尔顿同菲比简单讲述了自己在潘西的经历,将自己的故事赠予她:“你相信我的话好了。”菲比对此的回应是倾听,她的关注创造了一处霍尔顿正在寻找的语言空间,这里可以同他人分享:“只要你跟她说些什么,她总是仔细听着。好笑的是,有一半时间她都懂得你在说些什么。她的确懂得。”除此之外霍尔顿(或他人)还能要求更多吗?

即便先前没有,现在我们也应当注意到了——使霍尔顿摆脱失落和绝望、重拾欢乐的并非是生活中发生的种种,而是他能够用语言向他人讲述这些时刻,并得到倾听。霍尔顿所追寻的不是知识的获取,而是爱、语言交流以及通过语言与他人建立起的无形的联系——这一点也是霍尔顿试图传达的。

菲比说霍尔顿“不喜欢正在发生的任何事情”,霍尔顿否认了这一点;然而我们不禁怀疑,霍尔顿喜欢的并非正在发生的事,而是已经成为永恒、永不消散之事。菲比让霍尔顿说说自己喜欢的东西,刚开始霍尔顿只能想起詹姆士·凯瑟尔和艾里——这二人的与众不同之处已烙印在他的脑海之中,令他深信不疑——接着又提到了菲比。菲比进一步追问,霍尔顿最终(在想象中)来到了“混账的悬崖边上”,尽可能地接近了他自己的异乎寻常之处;似乎霍尔顿再一次达到了生命的边界,行将崩溃。

霍尔顿和菲比描述了自己的幻想——成为“麦田里的守望者”,“从什么地方出来”(如同疯子一般),在“小孩子们”掉下悬崖以前捉住他们——霍尔顿触及了自己语言叙事的极限,同时也达到了自身的极限。之后,霍尔顿与菲比和着极低的音乐起舞,试图寻找难以名状的身体的节奏。在一片黑暗之中,霍尔顿和菲比在无形之中交换了“礼物”,这种赠予(如同叙事一样)孕育了一种将被铭记的别离。

霍尔顿和菲比告别,便去拜访旧日的英语老师安多里尼。安多里尼是考菲尔德一家的朋友,和他富有的妻子就住在附近。霍尔顿对安多里尼抱有十分稀罕的尊敬之情——或许是因为当初詹姆士·凯瑟尔跳楼时，安多里尼是唯一一个将他从血泊之中抱起来的人——那时詹姆士已经没了生命，成了一具尸体。霍尔顿像和菲比聊过的那样，和安多里尼讲述了自己在潘西中学遭遇的种种麻烦——那些想要激怒他的伪君子，学校压迫学生的个性，将个性定义为“离题”。霍尔顿显然已经精疲力竭，行将崩溃——自他离开潘西就没怎么睡过觉，呼吸也觉得困难。眼下霍尔顿“头痛得厉害”，“胃都还有点儿疼”，他似乎飘荡在现实之外。

安多里尼“热心于谈话”，想给霍尔顿一些建议，但霍尔顿似乎对此感到有些烦恼，但仍保持着礼貌。若说潘西中学的历史老师斯宾塞给霍尔顿上的是最后一课，那么眼下被酒精驱使的安多里尼所给予霍尔顿的就更多了一份同情与智慧。安多里尼希望霍尔顿倾听，因为自己所讲的东西十分重要，重要到他会将它们写下来再赠予霍尔顿，如此才能帮霍尔顿温习。

安多里尼的建议基于精神分析学家威尔罕姆·斯塔克尔的箴言，带着一些智慧、谦逊——安多里尼强调道，这种分享是一种“知识的轮回”，不是教育而是历史，是诗，能够帮助人们了解自我，找到自己的定位。我们或许可以猜想，安多里尼的一番话给予了霍尔顿另一种可能，这是一条新的前行的道路，使他能够拯救崩坏生活余下的碎片，使他不至掉落近在眼前的悬崖——安多里尼对霍尔顿说过：“我仿佛觉得你是骑在马上瞎跑，总有一天会摔下来，摔得非常厉害。”

但真正鼓舞霍尔顿的并非是安多里尼的这一番话，尽管他确实对安多里尼的关心表示感激：“非常感谢，先生。你和安多里尼太太今晚上真是救了我的命。”

当晚霍尔顿精疲力竭，仿佛就要跌落世界的边缘。他躺在榻上睡着了，想着同安多里尼的一番交流，在幻想中安多里尼似乎已经成为了他的“麦田里的守望者”——然而这种想象只维持了一会儿。作为读者，我们关心的或许并非安多里尼说了什么，或是他对于精神学家斯塔克尔的看法，而关心的是安多里尼这个人，以及霍尔顿对他的看法；我们关心的并非是安多里尼的慷慨和关切，而是他热烈的言谈和醉状，以及他此刻扰乱了霍尔顿睡眠和自我独处状态的行为——

“接着发生了一件事。我甚至连谈都不愿谈。我一下子醒了。我也不知道是什么时候,可我一下子醒了。”

黑暗中,安多里尼正坐在长榻旁边的地板上,用手抚弄霍尔顿的脑袋。我们并不知晓安多里尼是否只是(如他所说)为了表达对霍尔顿的欣赏,还是(如霍尔顿最初所想)一个“该死的性变态”。这是一个故事所未能解答的复杂的谜团。但它无疑告诉了我们,安多里尼与霍尔顿一样是不同寻常的。

这件事在霍尔顿看来,是挥之不去的、对自我的威胁,类似于此的创伤我们都经历过却无法了解与释怀。最初,安多里尼的举动或许会令我们想起菲比轻抚的手,或是霍尔顿自己对阿克莱伸出的手,又或是琴在黑暗的电影院中放在霍尔顿后颈的那只手。此时,“某人的手”正抚摸着霍尔顿的手,将他从孤独的睡眠中唤醒,或许使他有了一种如艾里之死那般贯穿了“现实生活”的感受(就像霍尔顿对生活的热爱那样)。这既是对生活的背叛,亦是对它的关切,也同霍尔顿所经历的一些产生了共鸣——琴的继父的威胁、被欺凌的詹姆士·凯瑟尔之死,以及他“孩提时起”遇上过“约莫二十次”的“性变态”。霍尔顿别无他法,唯有起身离去。

跟随霍尔顿,我们走上了纽约街头,来到了第五大道,“接着突然间,一件非常可怕的事发生了”。霍尔顿仿佛在自由下落:“每次我要穿过一条街,我的脚才跨下混账的街沿石,我的心里马上有一种感觉,好像我永远到不了街对面。我觉得自己会永远往下走、走、走,谁也再见不到我了。”

安多里尼曾警告过霍尔顿,他是骑在马上瞎跑,可能会摔得很惨,却“感觉不到也听不见自己着底”,只是一个劲儿往下摔。但霍尔顿是明白的,这种摔落是没有“底”的,就像他明白“麦田里的守望者”是不存在的一样。唯有我们自身的幻影——我们无法全然(但渴望)知晓的鬼魅而奇怪的自我,以及对我们所无法掌握(但可能一窥究竟)的缺憾——能够帮助我们到达“街对面”。现在,将拯救霍尔顿、帮助他到达“街对面”,并使他不至消失的是艾里。

艾里并不是霍尔顿的"麦田里的守望者",但霍尔顿现在向他的亡魂乞求帮助:"艾里,别让我消失。艾里,别让我消失。艾里,别让我消失。拜托啦,艾里。"霍尔顿重复着这个"咒语",艾里仿佛是听见了他的请求并将它实现——霍尔顿遂向艾里的慷慨"礼物"道谢。这礼物有些像是霍尔顿赠予我们的礼物——他的语言叙事和希冀。

霍尔顿此刻其实正躺在疗养院的床上,他暂时停下了故事的讲述。这使得我们想起了他在离开安多里尼之后,仍旧在寻找新的可能,他不再想着成为麦田里的守望者,而是想在"某处的小屋"中住上一住——那儿在西部,充满阳光也很隐蔽——有些像是D.B写的那篇《秘密金鱼》。霍尔顿想,自己或许会在那儿结婚生子,让孩子们读书写字。但在此之前,他得再见见菲比:"我要做的第一件事是向菲比告别。"

在寻找菲比的途中,霍尔顿尝试着去擦拭无法净化的东西——学校墙上(和碑石上)的"×你"涂鸦。现在,他意识到自己所追寻的东西是不可能实现的,尽管他仍想弄明白埃及人到底是用什么"秘密药料"使得死人的脸经无数世纪而不腐烂。"除了埃及人谁也不知道怎么搞这玩意儿。连现代科学也不知道。"他再一次强调道。

霍尔顿在菲比的学校中看到了她,她正戴着他那顶红色猎人帽——"这顶帽子你在十英里外都望得见"——她随身还带着霍尔顿的大手提箱,沉重的箱子快把她给压垮了。菲比恳求霍尔顿带她一同去西部,但霍尔顿拒绝了,他喝道:"给我住嘴。"霍尔顿快忍不住想给菲比一巴掌了,就在这时——"她哭了起来"。

霍尔顿拒绝了菲比,我们或会猜想他这么做是在保护自己。霍尔顿像个大人一样,坚持要菲比待在家中,认真上学——霍尔顿的说辞有些像是一个父亲,若是自己的孩子不守规矩,便想杀了他们。但还有种可能,霍尔顿是担心菲比行事太过像自己,而丧失了她的本性。并且倘若菲比和自己一起离开,便没法在校园剧中出演班纳迪克特·阿诺德这一角色了。霍尔顿十分关心菲比,就像关心艾里(和我们)一样;他希望菲比(以及别的他所关心的人)能够对自己上心,希望她明白人与人之间是不同的,是有着距离的,每个人都应当走自己的路。

霍尔顿和菲比一起来到了旋转木马转台,这里不停地放着乐曲,木马随之持续地旋转着。霍尔顿给菲比买了一张票,自己则坐在长椅上看着菲比(和其他人)。菲比尝试着去抓一个金圈儿,险些从木马上摔下来,但霍尔顿没有尝试着去捉住她,而是什么也没说、什么也没做:“孩子们的问题是,如果他们想伸手去攥金圈儿,你就得让他们攥去,最好什么也别说。”他们要是摔下来,就让他们摔下来好了,不要去拉他们。菲比就像我们一样,应当享受独立和被信任的感觉,享受片刻的宁静。这时我们或许体验到了爱的风险——爱的力量之大是不可预知的,霍尔顿认为那些伪君子们对此一无所知,而他自己是懂得的。

突然间,大雨倾盆而下,霍尔顿戴着他的红色猎帽,看着菲比“穿着那件蓝大衣,老那么转个不停”。他此刻是“那么快乐”,甚至说道:“我真希望你当时也在场。”倘若我们甘冒风险,便同他和菲比一道往家去。

霍尔顿的故事到此结束了,他回到了故事开头那张加利福尼亚疗养院的床上。霍尔顿独特的声音重归平静,我们会想念他的声音,就像他会想念自己描述过的每一个人一样:斯特拉德莱塔、阿克莱,甚至是毛里斯。就如我们在听完他的故事之后不知做些什么一样,霍尔顿也不知道自己接下来该做些什么。但毫无疑问,我们很难或者说无法对那种“告别的感觉”无动于衷,因而我们希望同霍尔顿郑重地道别。

8　飞越疯人院

小说《飞越疯人院》是肯·克西的作品，故事的叙述者是"酋长"布罗姆登——他被称做"消失的美国人"，拥有"一半印第安血统"。但小说本身并未局限在布罗姆登一人身上，而是从多方面带给我们以冲击。布罗姆登通过故事呈现的旅程的方向是追根溯源，关乎开端而非结局；然而在当时的美国，这些"根""源"埋藏得太深，难以寻觅——如同他那过去被"价值百万的水电大坝"所埋葬的村落。现在我们不禁会好奇，布罗姆登的希冀最终是否能够在这旅途当中实现。

作为一个红种人，酋长不仅仅为白人世界所边缘化，同时还饱受自己的姓氏"布罗姆登"的折磨——这是一个白人女性（他的母亲）的名字。这个姓氏斩断了他同周遭的种种关联——与美国原住民（印第安）的、村落的以及他或曾为自己想象出的名字之间的关系。现在，似乎除了酋长，红种人近乎灭绝了（他的父亲也去世了），被美国"联合机构"的条条框框以及纷至沓来的白人之名（就如他的母亲）所湮没了；这些也将酋长与其印第安本源分割开来，他的身体同家乡、氏族部落之间共通的韵律也深深埋葬在了达尔斯的哥伦比亚河畔。

小说中，酋长需要冒险去追寻他的美国原住民（"消失的美国人"）之源，找寻他们最初生活、而今却只存在于幻想中的"化外之地"。似乎是（白人）姓名具有的一种抽象的力量，加之美国官僚主义文化对人性的蚕食，使得酋长和他的人民们招致了倾覆。

作为读者，我们既需要相信文本陈述的想象，也需要相信酋长。尽管酋长天马行空的论述试图将他不愿呈现的部分隐匿起来，使人在很大程度上难以选择相信。但我们不是轰隆作响的官僚机器，我们不能剥夺酋长叙述的权利；我们也不能将他定义为一个精神病患者，或是一个疯了的印第安人（许多文学批评家是这样做的）。我们应当去相信他，无论是他表面上的"大嚷大叫"还是他所讲述的故事；唯有此，我们才能够了解"真相""就算压根儿没发生过"。无论酋长表现何如，他都在以独特的方式将他的"现实生活"呈现出来，向我们讲述"他是谁"。故而，我们应当认真倾听，既是为了酋长，也是为了我们自己。

我们无需关注故事的每一个细枝末节，但我们需要注意开头就提出的两点，也就是造成酋长本身命途多舛的两个错综复杂的原因：他所追寻的、已被社会埋葬和遗忘的"根""源"，以及他父亲的不幸遭遇；横亘在他的情感同身体之间的，由姓氏（白人母亲布罗姆登之名）带来的割裂感。我们需要探寻的是：酋长布罗姆登何以找回自己失落的身份？当酋长的血亲（母亲）和主流文化都似要埋葬他欲追寻的"根""源"，加以条条框框的束缚时，他将何去何从？酋长的大部分生命都为母亲赋予的姓氏所缚，这姓氏将他自身同美国原住民的身份割裂开来。

提到美国原住民，酋长就得重拾父亲那支离破碎的故事；为了加以补充，他还提到自己的家乡，回想起自己同父亲在清晨的薄雾中狩猎的情景；还有祖母哼唱的那首歌谣。然而即便是对酋长这个身形高大的人来说，做到这一切也并非易事。

当酋长开始他的叙述时，我们很难明白他当时究竟身处何处，或是思绪陷入了哪一段时间；也很难知道他究竟在与何人（不是我们）对话。酋长说："他们在外头。"这句话的对象是我们（而不是"他们"）。酋长在精神病院中装聋作哑，在其他人看来，不过是（"联合机构"）条条框框的"哑巴"牺牲品；但酋长希望我们相信他，相信他虽然"沉默"，但确乎存在着。他之所以"谨慎"地讲述，是因为要"糊弄他们"，但他并不糊弄我们。这种谨慎是他从自己"一半的印第安血统"中得来的，帮助他生存着："如果说一半的印第安人血统在这肮脏的生活中对我有任何帮助的话，那就是让我谨慎小心，这些年来一直这样。"但他真正希望得到的并非是这种谨慎，也并不仅仅是生存策略，而是一种自我认知——"我是谁"——这一点他将通过语言向我们缓缓道来。

主人公之一的大护士出现时，正挎着她的"柳条编织包"；这包是印第安人制作的，却被她用来塞满各种掌控病人的工具。大护士和酋长的母亲一样，并非印第安人，却利用和控制他们。然而接着酋长提到了大护士那与她僵硬刻板的外表不相符的“硕大的、女人味十足的乳房”；这成了她整体形象中的“疏漏”，暗示出她并不真是官僚的机器，而和我们一样是有着缺陷和弱点的人类，倘若我们相信这一点的话。但这对乳房最终将无可避免地毁灭。大护士的“皮肤犹如肉色的瓷釉”，外表上看“近乎完美”，象征着带来官僚强权和管控的某种人为欲望；正是这种官僚强权剥夺了酋长的父姓，又将他的部落和族人的身份深深地埋葬于红色的泥土中。但大护士那刻板的白色制服下的“硕大的、女人味十足的乳房”又使酋长回想起了自己失落的身份和那一片遥远的土地。现在他将重拾并重温那段回忆。

对于酋长而言，父亲是他找回自我和童年回忆的契机；他回想起同父亲住在那片土地上的日子，他们在达尔斯的晨雾中狩猎。刚开始，引起这些回忆的只是酋长对旧日时光的思乡愁绪，但他用来保护自己的这些回忆并未与内心最深处的欲望产生关联，也与现在毫无瓜葛，也未渗透到他的叙事所拥有的改造的力量中去：“我努力回想过去，想起村庄和宽阔的哥伦比亚河，想起有一次爸爸和我在达尔斯附近的一片雪松树林里打鸟……但是，每当我试图把思绪躲藏到过去时，眼前的恐惧总是渗透到记忆中来。”这是他暂时逃离当下的方法（假装自己身处雾中），躲开看护“黑男孩儿们”和大护士的怒火；但这无助于他克服自我被割裂、想象被阻隔的恐惧感。他沉浸在回忆中，仍旧装聋作哑；他现在只是“酋长布罗姆登”，是大护士绝对统治之下的一个物件，是最后的美国原住民，身处他生命中的一段旅程。

酋长布罗姆登总是这般沉默和游离，很容易便会被“管事者”暴力制服：“他们把我摁倒，让大护士把柳条编织袋整个塞到我嘴里，用拖把柄将袋子往我喉咙里捅。”然而现在酋长的叙事像是“洪水一样从身体里奔涌而出”，他盼我们倾听、体验和知悉。“但是，请等一等，”他这般请求我们道，“直至今天，我自己都觉得很难以清醒的头脑来思考这一切。”但他强调：“但是，就算事情压根儿没发生过，我说的也都是真的。”

突然间，一个名叫兰道·帕特里克·迈克墨菲（首字母缩写为

RPM，意为每分钟的转速）的“新病人”出现在病房里，引发了一阵混乱。迈克墨菲有着酋长羡慕的清晰发音，声音有些像是酋长的父亲，就连说话方式也有些像：“他说话的方式有点像爸爸过去说话的方式，声音很大、充满邪气……”但从外表上看，迈克墨菲和酋长的父亲并不相似——“但是他看起来不像爸爸”；他也并未扮演过布罗姆登的父亲般的角色（许多文学批评家作过这样的猜想）——迈克墨菲和布罗姆登的父亲是似而不同的。迈克墨菲的笑是“真实的”，也是自发的，且能感染旁人。迈克墨菲本人也是真实的，未经“改造”过的。往后，酋长会将自身置于迈克墨菲的故事中，将自己的故事穿插其间。从这方面来说，迈克墨菲的欲求就会像他的笑一样，感染布罗姆登，使它“一圈比一圈大地传播出去，回荡在病房四周的墙壁上”。

比起“代理父亲”，迈克墨菲的形象对酋长而言更具有双重意味。迈克墨菲是一个“花花公子”，熟知人类躯体的触感，他不造作的声音中蕴藏着源头——语言的发端同时也是人类身份的发端——这些都是酋长自身急需重拾的。迈克墨菲一进病房，便径直向布罗姆登发问：“大酋长，说说你的故事吧？你看起来像静坐等待出击的西亭布尔。”这并不会使人感到惊奇。似乎迈克墨菲从一开始就知道，布罗姆登的表现不过是在抗拒和抗议，他其实需要找到自己的故事，继而讲述它。接着，迈克墨菲又问道：“你叫什么名字，酋长？”他似乎是希望酋长为自己想出一个名字，令不可能实现的可能成真：他希望了解的不是联合机构塑造出的酋长，而是酋长本身。

迈克墨菲并不是希望布罗姆登为自己或我们讲述“迈克墨菲的故事”，而是希望布罗姆登聊聊自己——布罗姆登有义务讲述自己的故事，他所相信的和他所想象的，关于自己的真实故事。迈克墨菲想要酋长创造一个名字，而非被他人定义的那一个——无论是“布鲁姆”还是“布罗姆登”——他除了自身的存在，别的一切都被埋葬了，而这存在眼下也被这些限制了。

迈克墨菲想了许多法子（有游戏、赌博和钓鱼）来促进酋长重拾他（有六英尺七英寸或八英寸高）身体的潜能。迈克墨菲向酋长伸出了手，想使他的血液畅通起来，重新找回同周遭的关联感，重拾自己的欲求——“那手掌和我的手相碰时摩擦出了声音。他的手指粗大强壮，几乎把我的手指覆盖了，我的手开始有异样的感觉，似乎他的手在我的那截胳膊上膨胀开来，就好像他把他的血液输到我的手里来了，让它澎湃着热血和力量”。正是这种动力和流动使得酋长的回忆中有了欲求的影子，穿透了乡愁之雾，使他得以在过去和现在之间穿梭，塑造自己的故事。换句话说，酋长所想象的一切现在都呈现在他面前了。

尽管大护士执行着官僚式管理，将一切玩弄于股掌之间，但酋长没有退缩；他从一开始就想要探究自身的秘密，使过去的回忆和欲求于今日重现，以指引自己未来的方向。迈克墨菲在这一点上起到了一些作用，酋长由此开始定位自我。酋长告诉我们：“我被部队派到德国前曾是训练营里一个电工的助手，在大学那年我学过一些电子学，这就是为何我清楚这些事情是可以被操纵的。”他相信大护士是通过机器和电路来掌控病房的。渐渐地，他似乎受到语言中的情色意味的鼓动，想起了自己在工厂工作时的场景——“纺锤不停旋转，梭子四处跳动，丝线把空气卷绕在线轴上”——这回忆搅动了他的欲望，使他相信“这个病房就是‘联合机构’的一个工厂”。后来酋长告诉迈克墨菲：“我爸爸是一个真正的酋长，他的名字叫提阿米拉图那，意思是‘山上最高的松树’，而我们没有住在山上，当我还是个孩子的时候他真的非常的高大。”我们并不会感到讶异。这是酋长想象出的名字，不是他所追寻的那个被指定和共有的“布罗姆登”之名，这个想象之名虽为虚构但是独特。酋长补充道：“我妈妈的身材比他大两倍。”在他这么说的同时，已经开始了通过自己富有想象力的解说，来找寻自己独特定位的旅途。

大护士——“那个微笑的面粉脸老太婆”——制定和代表着病房的规则，剥夺了此间人们身体上和声音中的活力与律动；同时她还代表着威胁美国原住民生存的“联合机构”。但当迈克墨菲进入病房时，他却似乎十分自在，能够保持自我，沿着大护士的规则和语言的边界行事（而不至触犯）。如此，迈克墨菲发现了这个系统中的一些漏洞，便想着依照自己的意愿改变它们。

这种改变需要一些时间，但它无疑令酋长寻得了一种声音，使他既能感怀过去，亦能带着欲求继续向前；使他既能探索眼前的世界，也能深入理解自己埋藏的过去："……我是冲着迈克墨菲床下的尘螨去的，但是我闻到的东西让我第一次意识到：自从我来到这个医院……里面一直有一千种黏糊糊的味道混合在一起……婴儿麦片的味道和眼药水的味道、发霉的内裤和袜子的味道（即使刚从衣物保管室拿回来也有发霉的味道）……有时候会有烧焦了的毛发的味道——但在此之前，在他入院以前，我从未闻到过从田里来的人的尘土味、汗味和劳作的味道。"通过酋长的叙述，我们明白了，正是身体的气味、触感和尘土味，以及大地红色的土壤穿梭其间，唤起了酋长的意识；这些同病房中冰冷抽象的规则是全然不同的。酋长的叙述吸引着我们，使我们仿佛感受到他童年时代玩耍时曾嗅到的尘土的味道。

酋长的聋哑只是假象，他叙事的声音与此形成了鲜明对比。酋长的声音充满快乐，欢喜于身体的温饱；尽管它对情节高潮的推动并无太大助益，其本身也并非至关重要，但它其中蕴含着许多体验，暗示着人类生命（由尘土构成）的复杂性与危险性。这声音同迈克墨菲的笑声一样具有传染性，它们是独特的，同时又是共通的。考虑到《飞越疯人院》创作于 20 世纪 60 年代，我们最好认为这个声音蕴含着多形态的情色意味；它只能在大护士僵硬的演说边缘生存，它关乎酋长的身体和过去，同时也代表着一种反主流文化。这声音全然反对并羞辱"大日志本"（大护士借由它来鼓励病人们互相揭发），还有病房墙上那块"镶在枫木上的黄铜牌"，其上用刻板的语言写着鼓励服从的标语。这声音对大护士的权威构成了越来越大的威胁，而后者则尽力压制它，力图使它消失。

然而任何事对酋长来说皆非易事。他所经历的和他所叙述出的经历是并不相同的。他心神恍惚，时常迷失（或近乎迷失），也并不只是简单藏身于雾中，而是近乎神消魂散于其间。有时，他似乎快要放弃了："但麻烦在于我自己会主动去发现那扇门，这是因为我迷路了如此长的时间，感觉害怕而开始大叫，以至于他们能够发现我……我曾以为任何东西，即便是电击室，也比完完全全的迷失要强。现在，我不知道，也许迷失并非那么糟糕。"现在，同这种迷失（近乎完全迷失）的抗衡使酋长有了信仰；在他的叙述中，这种抗衡是不断重复的，使他得以走出迷失的状态。母亲的名字“布罗姆登”使酋长失去了应有的身份，哈丁妻子的背叛则使哈丁患上了性功能障碍，比利·彼比特的母亲羞辱比利到死，而大护士则给病人们做脑叶切除手术（“精神阉割”）——他们都出现在酋长重复的抗衡之中。但这种重复是为欲求所驱使的，基调不是悲剧的，而是充斥着不完美的造物们（人类）的碰撞和咆哮，充斥着超越认知的笑声。促使酋长尽管带着犹疑但不断前行的力量，并不能简单归结为“强迫性重复症”，而是因为他自己知晓再相似的表面之下都存在着众多不同。

酋长重识自我的过程不能仅仅归功于迈克墨菲的出现。迈克墨菲确实同酋长接触，并为他展现了新的可能；迈克墨菲的笑声和话语也的确使酋长重拾童年和对父亲的回忆。但这种体验也对酋长的旅程产生了影响——旅途中的种种，就连恐惧与希望也一并变得庞杂起来，酋长的过往影响到了今日。酋长看到“上校玛斯特森”时的那一幕，令我们想到的，酋长并非是为某些精神疾病（大护士依己所愿这样称呼）所扰，而是正渐渐地成为一个“空想家”，尝试着去找回自己的身份，最终可能会以他自己被塑造成的形象死去。“我如此清晰地看到了他，看到了他的一生，”酋长同玛斯特森碰面时这般说道，“他的声音低沉、缓慢而有耐心，当他阅读时我看到字句晦暗而沉重地从他脆弱的嘴唇里飘出来。”酋长听到并“看到”了玛斯特森所言。即便酋长真的患上了不可治愈的失语症，他也能够“看到”玛斯特森的话；尽管上校玛斯特森似乎是在说着毫无意义的话，但酋长尝试着抓住其中的“真意”（即便别人无法相信）。如酋长所言，这就是老人自己的说话方式：“你说得有道理，老人，属于你自己的道理。你不像他们想的那样疯狂。是的……我明白……”这就是酋长希望我们相信的——他的独特性、语言描绘出的经历以及他开始追寻的东西。大护士有着官僚主义式的对完美和完整的信仰，她希望将凡人生命的污点“洗净”；酋长则与她不同，他需得顺着凡人有限生命的无尽洪流，继续前进，不停向前。

尽管有时，酋长似乎感到畏惧，甚至是迷失，但他并未放弃过追寻自我。他最大的希望是迈克墨菲——迈克墨菲“就是他自己”，出众而独特——这些都是酋长所追求的。但当酋长看到镜中的自己时，他仍不能认出自己:“那不是我,不是我的脸。想拥有那张脸的人甚至不是我,那一刻的我不是真正的我,我只是我看起来的那样。”他并不想变得完全如迈克墨菲那般,而是想要明白自己的身份和独特之处——那个“自己”当尽力保全自己的部族,和那个想象之名“提阿米拉图那”。

迈克墨菲鼓励有着多样情欲的身体去满足玩乐的天性。迈克墨菲就像是一个抵制主流文化陈规的反主流英雄,他通过面部表情、肢体动作、言语和故事,表达他的玩乐天性:“是的,先生们,我来这个机构的目的就是为了给你们这些人带来赌桌上的娱乐。”倘若他知道别的病房里的大部分病人是“自愿”的,而非“被判入院”的话,他很快便会终止这种短暂的告退,继续命运之旅。大护士想要剪掉这些“鸟儿们”(病人们)的羽翼,而迈克墨菲则想要帮助他们翱翔。他向众人提议离开病房和“联合机构”的管控,去到未知的领域,登上“百灵鸟号”,来一场钓鱼之行——飞越疯人院。“他(迈克墨菲)越说要钓切努克鲑鱼”,酋长就越心痒难耐。而酋长正是最大的“鸟儿”,也是最终将飞越疯人院的鸟儿。

即便迈克墨菲的出现所带来的鼓舞立刻见效,它对酋长的影响也是间接的;对酋长而言,带来最直接的影响的,也是他(为了自己和我们)努力去想象的是他的部族——尤其是父亲、土地、童年和旧日时光。这是酋长面对自身(及他的部落)行将消失时所采取的对抗手段。他正试图定位自我(和我们),心怀一种与生俱来的想法——相信自己便能防止自身的存在被抹去,逃过最终被埋葬的命运。酋长同企图抹杀他的存在的“联合机构”相抗衡,保护自己存在的痕迹不为之所噬。酋长似乎是将自己的故事投射到他同步讲述的迈克墨菲的故事中,如此他便能想象它,将它说与他人听。在这个过程中,逐步崩塌的不再是酋长,而是“联合机构”。

“我看到了许多变化:我觉得上个星期五当他们为了那个会议把墙里的烟雾器开得太猛时它出了故障……有一天夜里我甚至能够看到窗外的景象。”——酋长在窗外看到的不仅仅是一条狗在忙着它自己的事情,过去的一些画面也在他眼前浮现——“我心里突然记起曾经见过一模一样的景象,那一次我和爸爸还有一些叔叔们出去打猎,我把自己包裹在奶奶织的毯子里面躺着……”酋长所看到的不仅限于窗外正在发生的，还有自己的过去，后来他还想象到了未来。

在钓鱼之行的前夜，酋长躺在床上，想起来自己十岁时的光景，那时他“还生活在哥伦比亚的村庄里”。这段回忆十分翔实，同酋长先前所讲述的形成了强烈对比——这段回忆是关于来到村庄的一些政府官员的，他们不理会酋长或他父亲，只是指名要与酋长的白人母亲谈谈“拥有一个水电大坝和一个湖比拥有瀑布边的一堆破屋子要好得多”。酋长一边期待迈克墨菲提议的钓鱼之行，一边认识到更深层的自我；他的思绪从现实回到过去，复又回位，连他自己都“有点惊讶”——使他惊讶的并不仅仅是内容，而是他自己竟然还记得这件事——“……有点惊讶自己还记得这件事，在我看来这好像是几个世纪以来我第一次能够记起这么多关于我童年的事情。发现自己还能回忆，这让我很着迷，于是我醒着躺在床上继续回忆着其他发生过的事情……”

也是这一夜，酋长重新开口说话了，似乎是在过去的回忆中找回了失落的语言；他说话时，迈克墨菲唱着歌，他两人正一同取笑酋长床下的口香糖。迈克墨菲给了酋长一些水果糖——货真价实的礼物——酋长和迈克墨菲说了声“谢谢”，但他并没有意识到自己做了些什么。这感激的话语是酋长多年来第一次说话，两人接着攀谈了起来，分享着故事——似乎是为之鼓舞，酋长为迈克墨菲讲述了自己的故事，关于部落、父亲和母亲。他的故事就像迈克墨菲的笑声一样，“一圈比一圈大地传播出去，回荡在病房四周的墙壁上”。

迈克墨菲回应了酋长加之于他的伦理诉求(倾听)，他倾听酋长的故事；而随着酋长故事的展开，酋长的家庭故事同“联合机构”也越发交织起来。即便酋长此刻如迈克墨菲所言，是在“说疯话”，那他的疯话也不乏意义(迈克墨菲也承认这一点)。他正在试图弄清“我是谁”，同时也将真实的自己呈现给他人。

当参与钓鱼之行的一行人返航时，他们好像“把大海带回了家”——它与“联合机构”掌控下的陆地是全然不同的。他们冒着未知的危险，最终一同返航；如今，他们的眼界更加开阔了，不再局限于“联合机构”和大护士冰冷僵硬的规矩。而酋长则又找回了自我深处的一些回忆，这些回忆涉及自然土地以及与之相关的诗歌：“自土地不停吟唱属于孩子的诗歌的童年以后,我已经很久没有感觉这么好过了。"

这次钓鱼之行开阔了酋长的眼界,使他重新找回了自信;他也完全了解到,自己的眼界(和身体)远比大护士要强得多;他也不必再受制于生来被赋予的那个名字,而可以为自己想出一个新的名字。但当酋长回到大护士治下的条条框框中去,他无疑会重新遭到压迫,甚至是死亡的威胁——大护士也的确这么做了。但大护士必须为她的行为付出代价——酋长作出了回应——但不是复仇,而是心怀对他人(对"我们"而不是"他们")的责任心做出了抵抗。现在驱使酋长行动的是他对其他人的同情心了——他在大护士安排的"特殊淋浴"中为他人挺身而出,并最终因此而找回了自我。但他和迈克墨菲都因反抗而被调到了"心理失常者病房"。

接着,大护士安排酋长和迈克墨菲接受电击治疗。电击室中"电光四射……闪烁着各色光芒",酋长身处其间做着抵抗,回忆和欲求又一次包裹了他——他脑海中响起了奶奶的歌谣:"叮叮当,叮叮当,伸出指头给我看……一只向东飞,一只向西飞,一只飞越了杜鹃窝。"现在酋长更为清楚自己与他人的不同之处了,不仅仅是在旧日的时光中,在未来也会是如此——当他还是个小男孩儿时,同奶奶一起哼着歌谣;当他未来作为一个美国原住民生存时,他将像歌谣中的鹅一样"飞越杜鹃窝(疯人院)"。酋长的命运似乎越发清晰了起来,他同自己部族之间的联系使得他在过去和未来之间穿梭:那时酋长、他的父亲还有 R&J 狼叔叔反抗白人权威,将被按照西式习惯下葬的奶奶从坟墓中挖了出来,挂在了树上——这对印第安部族而言是一种神圣的仪式。这一次电击治疗结束后,酋长发现了这些机器中的漏洞,他自己似乎也离真实的自我越来越近了:"我知道这一次我打败了他们……这是他们给我的最后一次治疗。"

回想完这一连串既像是闹剧,又带着些诗意的旧事——奶奶的生与死,她的脆弱和想象——酋长继续向未来前进。眼下,迈克墨菲的死亡已经注定,酋长也参与到为其制造的酒神节式的狂欢之中。随着酋长眼界的增长,迈克墨菲的生命力也在逐渐耗尽;这狂欢是迈克墨菲赠予酋长(以及病房中的其他人)的最后的礼物,希望再一次鼓舞这些肉体玩乐的欲望,使他们重新绽放笑容。迈克墨菲所期盼的是不可能的可能,唯有人相信时它才会成真。就像酋长在狂欢结束时说的那样:“就在‘联合机构’最强大的要塞的正中央喝醉了,而且还到处乱跑、有笑有闹,和女人们胡乱调情!我回想起这一夜,以及我们所做的一切,几乎无法相信这是真的。”

对酋长来说,迈克墨菲已经变成了“红头发精神病人老迈克墨菲”;他不再是自己的拯救者,而是脱离病房成了自己部族中的一员,他们一同与毫无人性的“联合机构”作着抗争。然而“联合机构”也进行了反击,当比利·彼比特遭到了羞辱——“大护士的舌头从她瘦瘦的喉咙中发出咯咯的声音:‘啊呀,比利,比利,比利,——我为你感到羞愧极了’”——迈克墨菲只能最后一次尝试揭露“联合机构”那可耻的残忍无道。酋长的父亲最终屈服于“联合机构”和“布罗姆登”这个白人之名;但迈克墨菲不同,他并未屈从,坚持自己的故事和命运,向其他人证明着真实的自己。迈克墨菲同大护士的残酷无道针锋相对,用他那“红色的手指”穿透了大护士“脖子骨上雪白的皮肉”,撕裂了她的白色制服;一时间大护士的乳房暴露了出来:“她那堆在灯光下呈现出温暖的粉红色的大圆乳房暴露出来,而且似乎膨胀得越来越大,比任何人曾想象过的都要大。”即便这只是幻象,也无疑袒露了这具脆弱的凡人躯体,同时也意味着无可回避的结局的临近。

这次袭击之后,大护士命人给迈克墨菲做了脑叶切除手术。当他回到病房中时,坐在“一张轮床上,底部有一张纸片,上面用粗粗的黑色字母写着‘兰德尔·迈克墨菲,手术后’”。但大护士所能掌控的不过是这个抽象的名字。酋长是明白这一点的——迈克墨菲被掌控的除了“名字”不过是植物人般的躯体,而他的个性以及自己回忆和欲求中他的模样,则将继续前行。

迈克墨菲待在那儿,成了一个植物人;酋长看见自己的“影子穿过了那具躯壳,就好像把它从屁股和肩膀的正中央一劈两半,只在中间留下一处空白”。现在,酋长不仅仅是面对着对他而言有着双重意味的迈克墨菲,他也准备做些什么将这“空白”填补起来;他心中有着对自己和他人的责任感,要为病房里的病人、他的部族、他自己的故事和命运做些什么——这是他的信仰,他所追寻和希冀的。酋长尽管脆弱,但心怀希望,所以有能力去冒险——他理应也决定去结束“迈克墨菲”的生命,因为这具躯体中的灵魂已经消散了。

尽管迈克墨菲的灵魂消失了,但酋长还是受到了躯体的顽抗:“那个巨大、坚硬的身体对于生存有着强烈的渴望,他斗争了很长时间,竭力反抗我将生命从他身上夺走,那身体拼命地挣扎、使劲地扑腾,以至于我不得不把整个身体压在他上面,用自己的腿分开那两只四处乱踢的腿,同时把枕头用力往那张脸上压去。我似乎在那身体上面躺了漫长的好几天,渐渐地他的扑腾停止了,最后他安静了一会儿,猛地抖动了一下,然后完全静止不动了。”这其间杂糅着尖锐的同性恋式的爱欲与死欲,暗含一种危险的亲密关系。从酋长的叙述来看,酋长似乎已经重拾了自信——这种印刻在他躯体中的韵律。

现在,酋长举起了大护士用以掌控一切的仪表盘,将它丢出了窗户——上面的玻璃碎裂了,“在月光下四处飞溅,就像一股明亮的冷水在为沉睡的大地进行洗礼似的”。这大地就是酋长家乡的土地,是被他的一连串回忆所洗礼过的土地;当他逃出病房,逃向那儿,不禁感到“自己好像在飞翔”。或许他会像童谣里的那只加拿大鹅一样,最终去往加拿大,但他要先回哥伦比亚河谷去,去看看“那里还有没有过去在村庄认识的人”。满心的希冀和欲望驱使着酋长,他希望看到不可能发生的可能——“一些村落开始在那一座价值百万的水电大坝四周建造他们古老的摇摇欲坠的木架子”。酋长想象着面对“联合机构”的力量和无道时,人之脆弱会暂时退却;想象中,在前往河谷的路上他将目睹人欲望的洪流,看到他的部族正在“溢洪道那儿用叉子抓鲑鱼”——这“联合机构”所不知亦不能掌控的景象。

酋长找回了声音,讲述着自己的经历。但我们不能忘记,大护士和“联合机构”并未消亡,依旧存在。就像酋长曾说过的那样:“直至今天,我自己都觉得很难以清醒的头脑来思考这一切。但是,就算事情压根儿没发生过,我说的也都是真的。”借由酋长的讲述,我们体会到了这“真实”便是在他意识中怒燃的恐惧和疯狂的咆哮。既然我们能够听到酋长所述,那我们也明白残忍无道的大护士会卷土重来,被压迫的也依旧难逃毒手。如故事结尾所说,酋长“已经离开得太久了”,但一切就如开头一样,“他们还在外头”。酋长的故事提供了一个开端,但我们很难将这个故事特别定位在任何一处。我们作为读者,已经知晓了故事的“真相”——这是另一语言生物的想象,而他的存在会给周遭冰冷僵硬的条条框框施以压力。这个语言叙事值得我们关注。酋长向我们呈现了他的真相,我们应当认识到他的独特之处;同时他的故事也为我们的故事制造了可能。

9 搏击俱乐部

《搏击俱乐部》的故事是摇摇欲坠的，其语言则是倒退的；它展现了后现代社会中各种界限已然崩坍的景象，也暗示了我们的开端即是终局。尽管正是导演大卫·芬奇执导的同名电影使《搏击俱乐部》成为经典，但阅读伊始，我们便会感觉到读这本小说与看电影无异。故事当中的无名的叙述者不是爱德华·诺顿[①]，也并非饰演泰勒·德顿的布拉德·皮特，而只是为读者所感知的语言，它为我们创造了一个主体空间。从一开始，我们就在与文学叙事进行对话，同时也希望使它有始有终。故事刚开头写道："……永生的第一步就是你得死。"如果这个"你"指的是无名的叙述者，那么"你"同时也指的是我们。那把"抵在我嗓子眼儿"的枪或许属于泰勒，"嗓子"则属于我们。故事开头，我们似乎正要遭到谋杀，或是正要自杀，我们不禁想知道自己究竟何所从来，又将去往何处。但我们也会猜测此时并不存在危险，因为泰勒说："我们不会死的。"

故事开头，我们似乎就已经接近了某种终局——无名的叙述者正站在帕克·莫里斯大厦之巅，这栋建筑行将坍塌，将"倒在国家博物馆上，那才是泰勒真正的目标"。泰勒·德顿是谁？叙述者似乎痴迷于他，故事开头的短短三句就四次提到了这个名字。叙述者告诉我们："如今大家总在问我认不认识泰勒·德顿。"叙述者当然认识泰勒——因为泰勒帮他找了一份服务生的工作，而现在正把一把枪戳进他嘴里。但是我们是不可能完完全全、彻彻底底地认识一个人的，不是吗？即便

① 电影中主人公杰克的扮演者。

那个人是我们自己。因此故事开头的这一处显得有些怪异。

或许无名的叙述者并没有真正地在讲述故事。又或许泰勒才是叙述者？叙述者是这么说的："从一开始我就在场。我什么都记得。"而泰勒同样是一开始就在场的("泰勒"是这个神秘莫测的故事中的第一个词语)。

无名的叙述者和泰勒之间是关联着的，就像杰基尔和海德、酋长布罗姆登和迈克墨菲、弗兰肯斯坦和怪物一样，是具有双重意味的。但叙事者指出，这个故事之所以存在是因为"第三者"玛拉·辛格："这一切我都一清二楚：那枪，那无政府状态，那爆炸的真正根源是玛拉·辛格。"三人之间似乎有着三角恋的关系："我想要泰勒。泰勒想要玛拉。玛拉想要我。"尽管可能性不大，但这个故事的叙述者或许是玛拉？

因为患了失眠，叙述者听从医生的建议参加了一些互助小组以帮助康复。叙述者是一位产品召回协调员，家中摆满了从宜家[①]买回来的各种物件。叙述者加入互助小组之后所经历的，竟让他觉得比自己的生活来得更为真切。然而刚开始，互助小组似乎对他的病情并没有什么帮助。小组活动中，当叙述者听从克洛伊(她仿佛"一副涂满黄蜡的骨架")的引导，进入冥想时，他始终觉得同自我之间有着距离感，仿佛一切都是"拷贝的拷贝的拷贝"。叙述者又参加一个名为"男人携手"的睾丸癌互助组，在那里，他遇到了大个子鲍勃，有幸暂时从失眠症中解放出来——叙述者投入鲍勃温暖的怀抱中哭泣，感受到一种置身子宫般的安全感，使他"迷失在一片空白中，黑暗、沉寂而又彻底"。当叙述者离开这个怀抱，心中得到慰藉时，他看到了鲍勃衬衫前襟上濡湿的一大片，那是他痛哭的泪痕。

这是叙述者会经历的种种"重生"中的第一个迹象吗？象征着他重拾自我，又或只是进一步证明生活不过是"拷贝的拷贝"？无论它究竟表明了什么，我们都是明白的：从这种子宫般的环境进入世界的道路，总是充斥着各种矛盾和冲突；尽管这一过程对于人的成长和发展而言是必不可少的。倘若离开"子宫"意味着获得自由，那么这种自由也不

---

① 全球最大的家具家居用品连锁品牌。

会是毫无限制的。事实上,叙述者指出,紧跟着这种短暂释怀(或重生)而来的,是没有希望的自由,他说:“失去所有的希望就是自由。”

叙述者认为,倘若他再没有什么可以失去,那他必然是跌至了低谷。叙述者在互助小组中同他人一起哭泣,感到自己成了“那个小小的温暖的中心,这个世界的生命就簇拥在它周围”。他现在能比婴儿睡得更加沉酣了。但这“温暖的中心”难道与克洛伊引导的冥想有什么不同吗?它们都在逃避身体上的苦痛。它是通往内心还是外界的途径呢?即便叙述者是在欺骗自己(的感官),但这就是他的“现实生活”。我们倾听他的故事,与他一同感受。

叙述者说他什么都记得,这似乎不太可能。但他一定记得现在我们的脑袋里(嘴里)有一把枪。这种生死存亡的感觉,同患上了癌症或是感染了血液寄生虫(即便我们没有真的被诊断出患上了这种病)并没有太大不同。在鲍勃怀中哭泣或许确实使叙述者放空了自己,暂时得到一种发泄后的畅快感;但那一时刻,叙述者还远不能认识自我(或是知道有一把枪会放在他嘴里)。他编造自己的生活,好像它是克洛伊引导的、将他带进“宁静花园”的那一种冥想;他没有(使精神)重归自己的身体,而是渐行渐远。他那时或许并不明白这些,但读者借由他的叙述是能够理解这些的。

接着,玛拉出现在了互助小组。她总是观察着叙述者,使他再难哭出来。为什么?我们或许会猜想这与《创世记》的那一幕有着相同的缘由:亚当和夏娃吃下了禁果之后,夏娃看着亚当(因为他是裸体的),亚当因此感到迷惑。“有她在一边瞧着,我就是个骗子,”叙述者说,接着补充道,“她是个冒牌货。她才是骗子。”玛拉注意着叙述者,使得他的自我袒露了出来;但他与亚当不同,他并不知晓男人与女人之间的异同。叙述者只是强调自己与玛拉之间的相同点:“就在此刻,玛拉的谎言反映出我的谎言,放眼望去,我看到的尽是谎言。”叙述者在一个绝望的、被消费文化所掌控的世界中是扁平化的,在这个仿佛宜家一般的世界里,“甚至死亡和等死都像是录像里的假花一样,无足轻重”。此时的叙述者并没有能力对这些不同之处作出区分。

如果依照我们之前的猜测,泰勒·德顿确实是这无名的叙述者(他从未揭示过自己的真实姓名)自我中的一部分,那么玛拉·辛格也必然如此,并且这二者都是叙述者自我中复杂的部分。当泰勒和玛拉第一次碰面时,他们都只是消费文化中的匆匆过客;都只是消费者网络中的节点,从根本上来说空洞、毫无意义,二者浮于世界表层,并没有发生实质性的接触,也不存在实质性的不同。他们的“现实生活”实际上只是虚假的幻想;唯有经过语言叙述,才获得了真正的意义。

无名的叙述者的工作是召回协调员,他时常出差,故而会出现在各个机场,我们也跟上他的脚步。叙述者是移动着的,但他并不是行走在路上,而是在空中虚无缥缈地“漂浮”。他为成本分析计算着比率,又将公式代入以“严守秘密”。无名的叙述者自己似乎就是一个抽象的消费者,他似乎并没有在追寻什么重大的秘密:无论是人类存在之谜或是他自身复杂而矛盾的人性。他看起来更像是消费文化的产物。无名的叙述者为公司和自己规避风险,避免暴露产品的缺陷,并保守着公司和自己的秘密。他就像是电影院里的观众——放映员(例如泰勒)则力图遮掩胶卷之间的放映间隙,不让观众察觉,他们所能看到的只是流畅的电影故事,对背后的放映过程一无所知。观众们也从未留意到胶卷切换之间的“烟烙”(放映员所为),而我们也唯有通过叙述者的讲述才能知晓这一点。

在他工作的世界中,叙述者似乎对任何差异都十分麻木,或者说是抗拒的。他对内幕十分清楚,却总是保守秘密,如此并不是为了探索自己生命的可能性,而是为了保住工作。他似乎对性别差异尤为麻木——尤其是他与玛拉之间的差异。即使是二人同处睾丸癌互助小组时(玛拉出现在此处着实违和),叙述者和玛拉看起来也几乎一样——都是“骗子”,并无差别。从这一点来看,对叙述者而言,似乎只有泰勒是不同的:“……接着就是勃起的一闪。这是泰勒干的。”

但泰勒究竟是谁?叙述者说他和泰勒初次碰面是在裸体沙滩上。我们并不知道那时叙述者是在做梦还是清醒着的,也不知道他遇见泰勒究竟是意外还是必然。那时,泰勒一直忙着将冲到岸边的漂流木拖到沙滩上,竖立起来。接着他在沙子上画了条直线,又用线来“衡量每根木头投下的影子”。这影子在某一时刻变做了“巨掌”,“完美无缺地保持了一分钟”(显然这是任何人都希望看到的)。叙述者说:“泰勒就在自己创造的完美巨掌中坐着。”对泰勒来说,“一分钟就够了,为了这一分钟一个人得费好多苦工,不过一分钟的完美值得上你付出的努力”。

不论我们如何理解由巨掌阴影带来的“完美的一分钟”——它强调了人的行动力和满足感(但总是那样短暂)——它都推动了叙事继续向前(和后退)。泰勒使自己的努力得到了回报(就像他也可以在电影胶片中剪入勃起的画面一样)。若是我们认为泰勒是叙述者的“能量动物”,我们很快便会大吃一惊。因为接下来,“骗子”玛拉又出现了,叙述者告诉我们她才是自己真正的“能量动物”。但此时的叙述者还不能向玛拉敞开心扉——他的“精神中心仍旧紧闭着”。叙述者同玛拉一样,“没有真正的生命感受”。对此,他也无能为力。

当这一切发生时,叙述者在他身处的充满偶然的、宜家式的世界中依旧是扁平化的,他同自我以及玛拉分割开来;此时语言叙事却随着故事的发展向自身敞开了,并同读者进行对话。倘若叙述者先前是同玛拉一般,将自己同只崇奉消费完美主义的、空洞的宜家式世界隔绝开来;那么他现在就是如泰勒一样努力着,试图做些什么。似乎叙述者在讲故事的过程当中,越发能够留意到胶卷之间的“烟烙”(空隙),如此他便开始在自己的语言中定位自身;他开始理解“现实生活”的意义,我们读者也有幸如他一般。叙述者的语言向前或向后地切换着,这令我们得以做出一些区分——幻想和现实、假冒和真实、“现实生活”中的种种事件以及用语言叙述这些事件的必要性(或许同二者之间的区别一样模糊)。

接着,叙述者的公寓发生了爆炸,他便打电话向住在纸街(往后的故事将在这里上演)的泰勒求助。两人在酒吧里碰面,泰勒竟要求无名的叙述者向他挥拳:“我想要你铆足了劲儿揍我”——这便是“搏击俱乐部”的开端。作为读者,我们并不知道究竟是何人蓄意制造了这场爆炸,又或许它只是一次意外;我们最初也曾怀疑叙述者是否能够向他人挥拳,他肿胀的脸和乌黑的眼圈是否拜泰勒的回击所赐,又或许是在搏击俱乐部后来的一次活动中挂的彩。无论我们明白与否,叙述者按理来说是了然于心的(他在故事的一开头就表明了这一点)。但更好的说法或许是——语言叙事知道这一切,它所能告诉我们的远不止叙述者生活中的种种偶然,它现在还为我们展现了“现实生活”和对其叙述之间的不同。即便如此,我们依旧会迷失在故事中,感到迷惑。

无名的讲述者揍了泰勒,反之亦然;泰勒用枪抵在叙述者口中,反之亦然——无论是何种方式,故事都将带着它的双重意味、显而易见的随机性以及必然性继续下去。这种种所展现的并不是搏击俱乐部的故事,而是它存在的意义。故事划出了一条边界,创造了一处与众不同的空间:“搏击俱乐部的那个人跟现实世界中的他并非一人。”

“(你)不能谈起搏击俱乐部”,但搏击俱乐部离不开语言,就像“现实生活”离不开语言叙事。“搏击俱乐部的首要规则是你不能谈起搏击俱乐部”,但搏击俱乐部若是想要生存和发展,便离不开人们口口相传。幸运的是,人们一直在谈论着它。法则定下何种行为为违规,它本身则是自己创造出的好东西。搏击俱乐部将人们带入一处共享的空间,也给人们带来一种与众不同的感觉,这种感觉存留在这个空间内外。但搏击俱乐部中的体验之所以有意义,还是要归功于语言叙述。叙述者如此说道:“搏击俱乐部中的我并非是老板认识的那个我。”

故事继续展开,无名的叙述者又回到了搏击俱乐部的开端——他与泰勒第一次对打的场景。两人相互击打,这个过程中叙述者感受到了高涨的自信和控制感:“我终于感觉我可以掌控这世界上所有出了问题的事儿了。”搏击俱乐部诞生了,这种诞生也是可以重现的。即便一件事不能被谈论(就像搏击俱乐部),语言也能够赋予其意义;即便无名的叙述者不能立刻明白这一点,我们读者是明白的;即便他那时不理解这一点,我们也能通过他现在对当时的回忆去理解它——尽管他现在或许仍不能理解这一点,但泰勒是明白的。叙述者说:“时不时地,泰勒为我说话。”

回想起故事开始没多久,无名的叙述者提到了他、泰勒和玛拉之间的关系是十分明了的:“我想要泰勒。泰勒想要玛拉。玛拉想要我。”他认为,“这并非关切之爱,而是拥有的财产”。他那时仍旧带着一种宜家式的消费主义思维去看待这一问题——他的身份是他的所有物,是深受抽象的顾客喜爱率所影响的商品。后来叙述者搬到纸街——这里处于消费文化的边缘——与泰勒同住，在二人一同参加搏击俱乐部一个月后，他们的关系得到了深化，也理所应当地变得复杂起来；二人既有相似之处也有不同之处，还有了一些不能为了安全就轻易保持的秘密。我们发现玛拉也生活在一种边缘，她绝望又心存渴求，表面上看是住在肮脏的摄政旅馆，有时却又像幽灵一般出现在纸街，深化了故事的暗线。

在纸街中生活的日子，叙述者开始猜想"泰勒和玛拉是不是同一个人"。我们读者或许刚开始会猜想，尽管他们性别不同，但确实是同一个人："除了他们每晚在玛拉房间里做爱"——需要注意的是，叙述者并没有进到那个房间亲眼看见这一幕。在叙述者看来，泰勒和玛拉的做派就像他的父母一样，相互视而不见，直到他的父亲离开了家。叙述者失去了父亲，必定产生了被遗弃感，这种缺失感过去为消费文化所填充，而现在消费文化却同他渐行渐远了。玛拉也和叙述者一样，怀有一种缺失感，使她感到困惑；或许她与泰勒"做爱"是为了弥补这种缺失感，但显然并没有什么用处："她头脑很混乱，不敢有什么不明智之举，所以她什么事都干不出来。"那时，玛拉这种不敢为的状态或许反倒成了她的优势。

叙述者既是亦不是泰勒，那么玛拉是否也是这样？叙事越来越频繁地引出这些问题，它们象征着那些或被扁平化的时刻或是偶发事件的复杂性和深度。就像泰勒说的那样，我们需要注意，"因为此前的一切属于一个故事，而此后的一切就是另一个故事了"。"此刻"或许是我们生命中最好的时候，这个时刻有些混乱，但通往一个新的开始；但若是没有故事将它讲述出来，赋予它深度，那么它便毫无意义。这个时刻因故事而孕育了种种可能；若是没了故事，它便一无所有。

叙事带来的是问题而非答案，是未知的可能性而非消费者信任度，这一点越发明晰。换句话说，这与泰勒印在叙述者手背上的那令人疼痛的一吻类似，这一吻似是将一个（由叙述者立下的）承诺通过碱液封存在了叙述者的肉体中。叙述者同我们一样，需要一处伤痕来使自己记得生命的发端和结束。那使叙述者痛苦的一吻，变做了一个胎记，象征着与他人之间的承诺，象征着与亲朋之间的纽带；它印刻在肉体中，也意味着一种与众不同，使我们一窥死亡之影。倘若泰勒之吻是（叙述者立下的）一个承诺，那它同时也暗含着与承诺相生相伴的背叛。

很快，叙述者和泰勒就变成了“服务业中的游击恐怖分子”，捣乱各种晚宴，使消费者信任度下降。同时，他们也开始了自己的事业——在纸街造肥皂。泰勒认为，最好的肥皂是用人体脂肪提炼出来的，而肥皂正是源于古代的活人献祭，没有献祭我们便一无所有。我们或许会想，这是真的，但并非全部的真相。泰勒没有错，但这问题只是从某一角度来看。当泰勒说着献祭时，他是否是在谈论“关切之爱”，或是“拥有的财产”？有谁能说出其中的不同？因为“纸街肥皂公司”，泰勒第一次拿到了真实的钱，我们不禁想问，在这过程中泰勒献祭了什么？

玛拉的母亲献祭了——她将自己的脂肪寄给玛拉。这是她的自我牺牲，将这些脂肪送给玛拉以建立“胶原质信托基金”，玛拉可以用它们来抚平自己的皱纹、丰唇和提升自信。这究竟是商品还是关爱呢？我们又如何确信其中的动机呢？不知究竟出于何种原因，泰勒每周会给玛拉的母亲寄去一盒15磅的巧克力。关于他的动机，我们会猜想泰勒是希望她能长出更多脂肪（用于制造他的肥皂）。但或许泰勒只是想到了自己的母亲？又或许这些巧克力是无名的叙述者或玛拉寄出的？

当玛拉发现泰勒和叙述者在用这些脂肪制造肥皂时，不出意料，她勃然大怒。玛拉尖叫着指责叙述者：“你把我妈妈给煮了！”但谁可能去煮一个母亲呢？食人族、纳粹或是消费文化的代理人们——任何遗忘了自己的起源的人。叙述者若想找回自己生命的起源，认识自我，便不能忽视玛拉的存在。

我们跟随叙述者至此，或许会想知道这究竟是怎样一个故事。刚开始，叙述者说他知道一切，我们便猜想他至少会给出一些提示，让我们去猜想他的秘密。这个秘密是否同生命之谜有关？又或许那只是为了吸引我们陷入又一次消费者欺诈？叙述者说过，他所讲述的或许只是“拷贝的拷贝的拷贝”。现在他重复道：“我脸上有洞，我有一对乌青的熊猫眼，我手背上红肿的泰勒吻痕，拷贝的拷贝的拷贝。”叙述者所说的一切是否不可信？——或是至多有些混乱？或许是他犹豫是否要将发生的一切(或者说他相信的发生过的一切)和盘托出?他说:“对于我们爱的人,他们有很多事儿我们都不想知道。”叙述者有些游移不定,但这或许是一种美德,象征着人类之爱。

玛拉和叙述者一样有这样一个“胎记”——她的“手背上也有泰勒的吻痕留下的疤”。倘若我们是有道德责任的读者,我们便会关心叙述者和玛拉(的疤痕),因为我们也有这样的“胎记”和伤疤;我们也终将面对死亡。这样的认知不仅仅会使我们心生踌躇,也会使我们不再只是空洞的消费者意识的产物。或许我们因此便能区分生命之谜和消费者欺诈带来的种种幻想。就像泰勒很早以前向叙述者说的那样:“总有一天你会死,你只有明白这一点,才能真正对我有用。”我们还记得故事的开头,有一把枪正抵在我们口中——叙述者也是如此。

叙述者现在告诉我们,如果人们觉得你奄奄一息,便会给予十分的关注。他们会认真倾听你的话,而不只是等着轮到自己发言:“当你们俩交谈时,你们就是在假设某种东西,谈完之后你们俩都会觉得变了个人。”我们需要借助叙事同他人保持对话——这是互助小组所遵循的,也是搏击俱乐部(在某种程度上)以及语言叙事所遵循的——使我们读者敢于表达自我。这种在同一空间与他人进行的交流是有风险的,但它确实帮助我们向他人敞开心扉,也使我们认识到自己的与众不同之处。我们要相信它,将它看做一个承诺,但我们也要明白,它最终可能会背叛我们。倘若这个承诺是重要的(也的确如此),那么我们就不能忽视它的背叛——这一点激发了我们的欲望,促使我们去了解他人,去体验“现实生活”中的种种;它令我们见识到自己作为人类所拥有的共性,也使我们得以一窥自己的不同之处;它激励着我们追问、求索,心中保有一份有所助益的怀疑——这些便是这个故事希望我们感悟的。

随着故事的继续推进,搏击俱乐部演变成了一个“大混乱行动”。这样的发展或许是不可避免的,就像是法律伴随着违规,而承诺与食言、爱欲与死欲、生物学与传记也都这般相生相随。叙事继续更加详尽地揭示这行动所蕴含的历史的和宗教的动因。大混乱行动既是亦不是搏击俱乐部的发展结果,但无论如何,它确确实实发生了。大混乱行动与死亡不同,它既是亦非不可避免的。

我们初次注意到“大混乱行动”是因为叙述者在“今天的报纸上”读到了新闻——是一篇附着照片的头版报道。此前的搏击俱乐部大抵是私底下偷偷进行的，注重的是心理上的体验，远离主流的消费文化；而现如今的大混乱行动却更多地成了公众事件，成了空洞的消费文化的狂欢式镜像。这场行动是有组织的混乱，建立一个组织机构，通过给成员布置“作业”，令他们制造混乱的无政府状态。在我们看来，这场行动与弗兰肯斯坦创造的那个直立行走、能说话的怪物有几分相似——追求无限制的自由，采取法西斯式的行动。它也像是被倾倒的医疗垃圾，所产生的怨恨能被加以利用，产生革命般的效果。这场行动就像消费文化一样，承诺带领人们重返伊甸园或是天堂，它同购物一样能够很快使人成瘾。大混乱行动与泰勒有关，也同我们有关，尤其是当我们不继续追问之时，便会身陷其中——“大混乱行动的首要规则就是你不能问有关它的问题”，叙述者这样说道。大混乱行动是建立在盲目的信仰和全心全意的信任之上的。

早先叙述者担心自己遇上倒霉事，现在他却希望“整个世界万劫不复”。我们不再只是注意个体，而是留心集体(整个世界)：“我们想毁灭这个世界，使它不再受到历史的束缚。”随着大混乱行动的展开，我们似乎濒临末日，期待时间的终结和一个新的开端——这个世界中有的是清一色的黑色 T 恤、枪支和罪犯，还有他们心中对泰勒毫无保留、从不质疑的信任。倘若消费文化致力于人与本性的脱离(以及对个体的毁灭)，那我们可以认为大混乱行动的目标是“全面并且马上摧毁文明”，接着世界将会渐渐痊愈(泰勒是这么认为的)。如果我们相信这一点，就意味着我们的注意力还不够集中。大混乱行动是宜家式文化的阴暗面，是错位的欲望，是被抛弃的部分，是对自身局限和缺陷的视而不见。大混乱行动的目标和消费者文化是相同的——完全否定人性中的矛盾和复杂，认为个体之间并无差异，使我们成为“同一堆肥料中的一部分”。

有趣的是，自身混乱无措的玛拉竟成了扰乱不断升级的大混乱行动的因素。她十分反感那些“太空猴子”(大混乱行动的参与者们)——她对他们喊道：“傻帽。”玛拉仍旧保持着同自然世界的协调，当她与叙述者一同漫步于纸街的花园中时,她将那些植物一一道来,同时还向叙述者提出了一个至关重要的问题:"你打算怎么办?"随着故事继续展开,玛拉同叙述者越来越亲近(更合适的说法是:叙述者对玛拉的认识越来越深入),泰勒却成了充满疑问和遥远的存在。

大混乱行动越来越广为人知,泰勒因此变成了一个名人,成了传奇——他成了一个公众形象,作为独立个体的身份却渐渐模糊——无名的叙述者那时可能还未注意到这一点,但我们通过叙述对此是知晓的。事实上,尽管叙述者心中依旧是疑虑的,但他现在似乎越来越能分清自己的叙事同过去的"现实生活"的差异。同时,叙述者也越发明白自己能够将生活中的意外暂时地串联起来,使之产生连续感。例如,当一个凯迪拉克技师在驾车去执行任务时遭遇了车祸,同车的叙述者这样描述道:

> 太晚了,卡车骤然转向,技师也转向回避,但我们这辆'险路'车的后部还是碰上了卡车前保险杠的根部。当时我不知道是怎么回事,我知道的是车灯……然后我又被撞回来碰上了蛋糕和方向盘后面的技师。

叙述者将这次横祸描述为"完美的一秒",赋予了它意义。这次事故被视做命运的安排,使得叙述者直面自己的生与死——在这茫茫宇宙、浩瀚星空之中,他(我们)是多么的渺小。倘若这次事故是被一只无形的手所操纵的,那么叙述者同泰勒的第一次相遇想必也是如此。它是我们所能体验的近乎完美的时刻,当我们一瞥群星,便会知晓我们何所从来,又将归往何处。

但这一切只在我们看来是显而易见,无名的叙述者却无从知晓,起码在他向我们讲述故事之前是这样的。就在事故发生时,他仍旧认为自己没有故事可讲:"在这个世界上跟泰勒比起来我一文不值。"但此刻他在向我们讲述自己的故事,也能够分清自己的生活体验和自己的故事:"我微不足道的人生。我琐碎的狗屎工作。我的瑞典家具。我从来没有,没有把这事儿告诉任何人——在我认识泰勒前,曾计划买条狗,并把它命名为‘侍臣’。”彼时泰勒似乎掌控了叙述者，而叙述者如今则向我们讲述他的生活——他的身份和我们的身份——他既是亦不是泰勒。

回到故事中，叙述者现在要执行一项新任务——依泰勒定下的规矩，他得枪击雷蒙德·海塞尔，但他心中仍存着同情和悲悯。叙述者见海塞尔（他想到了自己的家人）哭了，便心生犹豫。他用枪抵着海塞尔的头，令海塞尔直面死亡，但他没有开枪。叙述者只是问了海塞尔一个问题：“你本想怎么度过你的一生？”——随之而来的是海塞尔自己的故事（而非死亡），是见到“明天”的可能性，“明天”也将成为海塞尔生命中最美丽的一天。使这种希望成为可能的正是语言叙事而非大混乱行动。

接着，叙述者加紧了对泰勒的找寻。他似乎仍然痴迷于泰勒，但他同时越发能够将自我同这种痴迷分开来。那些陌生人仍旧把叙述者认做泰勒，玛拉也是如此——她也认为叙述者就是那晚在摄政旅馆阻止自己自杀的泰勒。叙述者和玛拉通电话时问她自己的名字是什么，玛拉的回答是“泰勒·德顿”——这个夜间同她发生关系，日间却躲着她的人。为了使自己摆脱对泰勒的迷恋，叙述者需要玛拉，以帮助自己保持清醒并明了自己同泰勒之间的差异。

无名的叙述者不是泰勒；相较之下，他们反倒更像是一体的——就像是杰基尔和海德、弗兰肯斯坦和怪物、酋长布罗姆登和迈克墨菲。叙述者跟随着泰勒的脚步，反之亦然；我们跟随着叙事的脚步，反之亦然。搏击俱乐部的首要规则是不要谈论它，然而它（以及泰勒、大混乱行动）之所以拥有意义无疑得归功于人们对它的谈论。看起来玛拉似乎成了萦绕着叙事语言的深深的欲望，她是能够使那种意义成真的“能量动物”。

我们是“被历史忽略的孩子”，这便是我们作为人类的生存境况，因而我们无从完全得知自己的开端或终局。我们能够塑造历史，但历史也能够塑造我们。最初，有一把枪抵在我们的脑袋上，但同时我们也是从母亲的身体中诞生的。从我们的开端到终局之间的这段时间——它处于历史的中间，而历史在我们存在以前就存在，在我们死亡之后将继续——我们认为重要的等同于有意义的。我们需要对自己的身份保持清醒。

"长话短说吧,"泰勒告诉叙述者,"你醒着的时候,由你做主,你爱怎么称呼你自己都成,可是你一旦睡着,就由我接手了,你就成了泰勒·德顿。"现在叙述者面对的挑战是时刻保持清醒,以免泰勒掌控一切。然而为了做到这一点,叙述者需要明白自己渴求着玛拉的欲望,同时也需要明白玛拉是分得清他和泰勒的。

叙述者应当如何同玛拉建立这种关系以帮助自己完成挑战呢?他必须违背自己曾经对泰勒作出的承诺——不与玛拉谈论有关泰勒的事。玛拉和叙述者在丹尼餐厅碰面,坐在窗边进行面对面的交谈。侍者坚称叙述者就是泰勒,叙述者却向玛拉否认了这一点,还展示了自己的驾照(上面印着他的真实姓名),宣称起码父母是知道自己的身份的。玛拉问道:"可为什么对有些人来说你是泰勒·德顿,对有些人就不是呢?"对此,叙述者向她讲述了(我们已经知晓的)关于泰勒的故事。回想着过去发生的一切,叙述者觉得自己那时"太完全了""太完满了"以至于"掉进了陷阱"。

叙述者向玛拉简要地讲述了整个故事,为二人创造了一个共同空间,同时他的自身也得以稳定下来,得以认识自我和自身的缺陷。对此,玛拉回应道:"每个人都有他们自己的小怪癖。"这表明叙述者确乎存在与众不同之处。叙述者需要玛拉来帮助自己保持清醒和认识自我,反之玛拉也需要他人来帮助她保持清醒,需要有人在摄政旅馆的那一夜救下她的性命——他们所渴求的都是他者的欲望。

现在这个故事在我们看来似乎变成了浪漫的爱情小说,然而我们并未忘记背叛与誓言是相伴相生的。倘若我们是在阅读一本浪漫小说,我们所经历的并不仅仅是引导性冥想,并非是有着完满结局的"药房里的爱情";叙述承诺将带着我们回到复杂而矛盾、不能被全然了解的"现实生活"中去,使我们认识到自己的不足之处。我们的存在并不是一个姓名可以概括的:"只有在死后我们才有了自己的名字,因为只有在死后我们才不再是这项事业的一分子。"只要我们想活下去,我们必须继续为"事业"而奋斗。

随着故事临近结尾，叙述者说，我们会杀害自己所爱的，也会爱上自己所杀害的。尽管叙述者仍身处荒诞偶然的生活中，心中仍含着愠怒和迷惑，但他同故事一样渐渐明白承诺和背叛都是无可避免的，也越发明了一种伦理责任感："我老板死了。我的家没了。我的工作没了。而我要为这一切负责。"叙述者意识到了这种责任，也意味着他确实看重它。但他将如何对待泰勒或是玛拉呢？

除非自杀，否则叙述者无法摆脱泰勒；但通过讲述有关泰勒的故事，他能够对付泰勒。同时他也需要告诉玛拉，自己是关心她的——"还有玛拉，她置身这所有的一切当中却又一直被蒙在鼓里……必须得有人告诉她"。玛拉仍旧不明白泰勒和叙述者之间的不同究竟意味着什么。而在玛拉明白以前，叙述者必须"去对付泰勒"。

至此，故事有一次回溯到了开头。在这种回环中，故事开始清空自己，使得我们注意到虚构文学和"现实生活"之间的界限，而这种界限是多孔性的、模糊的，随时可能被突破。随着回溯的加快，玛拉和叙述者又一次碰面了，就在他们第一次见面的地方，就像是一个快速从过去演变到未来的梦境。叙述者说："事情发生得可真叫快。"

听了叙述者所述，玛拉感到疑惑："我为什么该相信你说的这些？"我们是希望她去相信的，因为我们知道尽管这些并未发生，但都是真的。叙述者讲述的并不是什么"药房里的爱情"故事，或是此前他提到的"阿加莎·克里斯蒂"式的侦探推理谜团。叙述者足够重视我们，因而他所表述的既不是肤浅的爱情也不是死亡定式，这些都掩盖了生命中的痛楚，使我们在快速消费中暂时被抚慰；叙述者太喜欢我们，就像他承认的一样——他喜欢玛拉。他既需要关照泰勒也需要关照玛拉。"不能谈论这里发生的一切"——叙述者再一次提醒我们——但这一切唯有借助语言叙述才能得到意义，直到我们带着故事回到"现实生活"中去。大混乱行动和搏击俱乐部都将继续存在，除非我们死去——叙述者明白这一点，所以他盼望死亡。为此，我们需要做点什么。叙述者说："我求生的意志令我吃惊。"

最终，故事回到了开头——"我们进入我们最后的八分钟"——此刻泰勒的枪正抵在叙述者口中——"三分钟……如今只剩我一个人把枪放在自己嘴里”。现在我们正在世界第一高楼帕克·莫里斯大厦之巅。但这时有不同于开头之处出现了——“玛拉正穿过楼顶朝我们走来”,她身后是互助小组的成员们,他们准备好了做出牺牲,来帮助我们和叙述者。爆炸和末日都没有发生,但玛拉出现了,她大喊着自己喜欢的是叙述者而非泰勒,也知道他们之间的不同——她大喊道:“我知道其中的区别。”这又是一个“完美的时刻”,是故事中转瞬即逝的一种顿悟,它将在对返回“现实生活”的我们有所助益。

故事结束之前,无名的叙述者需要关注的事物不止于此:枪始终都在那儿。它不会消失,叙述者需要做些什么了——“我扣动了扳机,”他这样说着动手了。

我们或许会想此句就是故事的结局,死亡即是叙述者的终局。然而若是如此,我们就不可能听到这个故事(除非叙述者是在天堂中讲述的)。但现在我们明白,这个故事既可能也不可能被讲述。所以故事继续展开了,但叙述者是在精神病院中而非天堂中进行讲述。可以理解的是,叙述者如今犹豫着是否返回“现实生活”当中去——当然无论如何他都不会忘记发生的和自己讲述的这一切(这一切还将继续发生)。

叙述者(一直没有姓名)将继续生活,泰勒和玛拉也是如此,搏击俱乐部和大混乱行动也是如此,消费文化亦是如此。无名的叙述者(和我们一样)仍旧是不完满的人类,存在缺陷,但永远在求索。作为读者,我们就像故事结局的那些人一样,随时等待着回到现实世界中去,并向叙述者低语道:“我们期待着您回来。”

10　终结的感觉

朱利安·巴恩斯(Julian Barnes)的作品《终结的感觉》(*The Sense of an Ending*)采取了双重叙事,以此激发读者的阅读兴趣。叙述者托尼·韦伯斯特在其乐于对自己讲述的第一重故事中,是一个极为普通的人,过着平常人的生活;而他需为我们讲述的另一重故事却大为不同。托尼重述过去的目的不在忏悔,而在于审视自我,并希望以此获得我们(读者)的好感。

起初,我们会认为托尼的故事如此平凡,甚至是索然无味。时钟的滴答声和秒针的走动使我们不致迷失在谜团当中,倘若我们不能如托尼一般,被它们所吸引,那么这本小说在我们看来就不“值得一读”了。当我们往后阅读便会发现,托尼的叙述是自相矛盾的,看似庸碌的生活中的平凡点滴,屈从于深处的记忆及欲念。使我们感到迷惑的并非是托尼讲述的内容,而是他的言谈所展现出的那融入了现在与未来的旧日时光。

就如托尼在开头所说的那样:“我们生活在时间中——时间掌控并塑造我们——但我感觉自己从未很好地理解时间。”在托尼(和我们)看来,生活在时间当中就是生活在他的故事当中,就是身处一个求索的过程之中。阅读托尼的故事就是和他一同前行,去冒险、去体会,托尼对此评价道:“活得越老,懂得越少。”用托尼偏爱的数学术语来表达就是:“人生不只是加法或减法。是损失或失败的累计,相乘。”

我们随托尼启程,心下明白在此过程中我们既非自己,亦非旁人;如托尼一样,我们拥有的印象实则是幻梦,我们独自生存的同时也是在做梦。即便如此,托尼希望我们倾听他的话语,同他保持关联——我们得承认这确乎是我们的义务;当我们试图去了解一些无法了解或追寻的秘密时，我们应当向自我和托尼敞开心扉，倾听他的叙述。如此，即便我们无法掌握那个秘密，也能一窥其面目，甚至学会关注它、托尼和我们自身。

托尼·韦伯斯特从一开始就寄望于我们，他认为我们就如他那样拥有与人分享故事的欲望。《终结的感觉》希望读者在阅读时记住这一点：我们凡人天生就能够从源头感受到终结的存在，意即终结本就孕育在源头之中；因此，我们应该同他人分享彼此的故事，即便故事本身只是虚构的谎言。我们应当设想，看起来平凡无常之事，也会有着惊艳不凡之为。而亲近的亦是陌生的。我们阅读托尼的故事，正是他的故事与他“现实生活”之间的差异，使得我们领略到了人的复杂性——既平凡又不乏奇迹。倘若我们想要认识自我，就得跟上托尼的脚步，倾听他的故事。

托尼·韦伯斯特是一个看上去极为普通的人，他如今上了年纪，过去的记忆也开始模糊。故事的开头就是一连串“次序不定”的琐事，是他旧日回忆中的片段。然而短短的一连串琐事就提到了两条奔腾的河流，提到了时间，提到了欲望，囊括了人的内外。唯独最后一条回忆——“一扇上了锁的门后，冰冷已久的浴水”——象征了终结之感和死亡，而这一幕托尼并未真正见过。就是这样一连串的回忆将我们带入了故事当中，将托尼送入了时光的洪流，并带他回到了学生时代。

“学校是那一切开始的地方。”托尼这般说道，是他在一开始所能编造的最佳谎言。新生艾德里安·芬恩的到来是托尼叙述的开端：“我们这个小团体本来有三个人，他加入后就变成了四个。”第一天，在有关亨利八世的历史课上，我们并未听到托尼和他的两个伙伴（科林和亚历克斯）的声音，而是听到了马歇尔的声音——此人在托尼小团体看来，“一问三不知”——他在被老师点到之后，对亨利八世的时代给出的评价是“动荡不安”。托尼对于马歇尔的表述不屑一顾，认为这答案颇为“弱智”，至多算得上普通——然而讽刺的是，托尼此后在叙述的末尾提到了这句话：“浩大的动荡不安。”

继马歇尔之后，艾德里安也给出了自己的答案：“但是，要形容任何历史事件——譬如说，即使是第一次世界大战的爆发——我们唯一真正可说的一句话就是:'事情发生了。'"对一个学生而言,这样的答案看起来超乎寻常,不仅仅不是"弱智"的,甚至超出了普通的范畴。倘若艾德里安是正确的——我们只需评价"事情发生了"——那么他们的老师老亨特就得"失业"了,还有那些作家、艺术家、历史学家和文学批评家,所有那些乐于赋予时间以永恒感、目的、方向和结局之人。讽刺的是,艾德里安成功引发了"浩大的动荡不安"。倘若马歇尔是普通的,那么艾德里安则正相反,他是独一无二的,是值得体悟的。

在学生时代的早期,托尼和他的朋友亚历克斯、科林都十分寻常,是"英国中产阶级彬彬有礼的社会达尔文主义"的产物——看起来光鲜,却没有深刻的思想。艾德里安与他们不同,他十分特别,像是那个顺应了历史潮流的"塞尔维亚枪手";他来自一个离异家庭,笃信"原则应当指导行动",相信"我无法知道我到底什么不知道"。当其他人都在"取乐"时,艾德里安是严肃的——至少这是托尼当时的想法,也是他在故事的讲述伊始对我们所阐述的想法。艾德里安的生活是"值得一读"的,和其他人(包括托尼在内)大为不同。

他们的同学罗布森开枪自杀了,谣传是因为他致使自己的女友未婚先孕,这件事似乎也"值得一读"——其中交织着爱与性,充斥着矛盾和谜团,急需以故事的形式呈示出来。但我们并没有从托尼那儿了解到这个故事,它终归只是一个轶闻,最终托尼总结道:"罗布森的行为无关哲学,简直是自我放纵,且不具艺术美感;换言之,是极端错误的。"托尼的论断关乎罗布森,但似乎也从侧面向我们展示了托尼自身。

我们怀疑这个故事——有了论断,偏向数学逻辑(在罗布森事件中出现的加减法),带有哲学抽象——已然与它本身自相矛盾了。似乎托尼正试图将秩序强加于时间的感性洪流、马歇尔所说的"动荡不安"以及"现实生活"中的种种事件之上。托尼向我们展示的是否只是一个虚伪的假象,只因他希望避免动荡的产生,以及生活不可避免的结局的到来?我们感到真正发生过的事远比托尼所讲述的要多得多,他所呈现给我们的故事似乎是他自己乐于得见的版本——作为读者,我们要将这一点记在心中,记住托尼想要掩藏故事的部分真相。

课上,同学们就历史的本质各抒己见——"历史是胜利者的谎言"

“历史是失败者的自欺欺人”“历史就是不可靠的记忆与不充分的材料相遇所产生的确定性”——听完我们不禁怀疑，现在托尼将揭示的故事与他意图呈现的并非同一个版本。这个故事带有记忆的模糊感和犹豫感，因此我们当用心倾听。我们作为托尼唯一的见证者，有义务满足他的伦理诉求，倾听他的故事。尽管托尼希望我们将这视做一个平凡的故事，但我们感到他是被迫如此；随着语言的展开，欲望逐渐充斥其中，这个故事或将成为“固定剂而非溶剂”。看起来寻常无奇的事物或许比托尼想要揭示的更为古怪，甚至比托尼所知道的还要不同寻常。我们有理由相信此处有一个谜团正等待我们去揭露。

跟随托尼，我们同他的朋友们一起回到可以预知的领域中去：“不出任何人所料”，艾德里安获得了剑桥大学的奖学金；托尼在布里斯托尔大学念历史，科林去了萨塞克斯，而亚历克斯则继承了父亲的生意。托尼找了一个女朋友，名叫维罗妮卡·玛丽·伊丽莎白·福特，她与“其他女孩没有什么太大的不同”。那是 20 世纪 60 年代——但“只是某些人才这样，只有这个国家的某些地方才如此”。托尼“按部就班，心满意足”，闲暇时间里与维罗妮卡约会；一回到宿舍，就“幻想她在我身下两脚分开或是跨在我身上”。托尼觉得自己和维罗妮卡的关系就像是“交易”，是“边缘性行为”而非“完全性行为”；托尼将约会视做社交传统，从不问些私密的问题，达到了诗人拉金所谓的“为一枚戒指引发的争端”的境界。即便是那只托尼过去将表面戴在手腕内侧的手表——“它让时间感觉像是一件很个人，甚至是很私密的东西”——如今也变得不同了，托尼“把手表转了个圈，让表面朝外，就像普通成年人那样”。托尼渐渐变成了一个循规蹈矩、小心翼翼的成年人，恪守着时间，顺应“英国中产阶级彬彬有礼的社会达尔文主义”的种种规矩。

我们现在所经历且吸引着我们的并非托尼按部就班的生活体验，而是他眼下对这些体验的叙述。因此，当托尼接着说起自己到肯特郡的郊区拜访维罗妮卡一家时，我们无需对故事当中的紧张氛围感到惊奇。托尼又一次谈起了那些似乎颇为普通的行为：拜访女友的家庭，不冒犯，保持着安稳的生活。但就故事本身而言，我们应当注意到，有一种不同寻常的感觉正潜入托尼的叙述当中；这些四十年前的生活体验在当时或许并无特别之处，但托尼如今对它们的记忆并不完满，因此它们会产生动荡，其真实性也值得商榷。

托尼谈起他的这次拜访时，仿佛是突然说起了一个亟须推理的犯罪小说。他说自己当时携带的大行李箱使他看上去像是一个“意欲闯空门的窃贼”；但他若真是犯了罪，似乎也是对自己的作为一无所知的。一切在此刻看来并不真切，我们不禁会怀疑他先前所述之事是否可信？

第二天一早，托尼与福特太太（维罗妮卡的母亲）一起用早餐，原本平凡的场景却变得越发奇怪起来：福特太太煎着鸡蛋，打破了一个蛋黄；饭后她将滚烫的油锅扔进水槽，一团蒸气冒了上来，她哈哈大笑。她看似很是享受这种带有情色意味的破坏行为。这个场景即便在当时看起来是普通的，此刻一经语言的描述，便变得感性了起来，令人难忘；似乎当时发生的或是托尼梦见的对他而言确乎是十分重要的。

我们再一次感到这个故事话里有话，其中有着许多问题未得解答，由此创造了一个我们能够进入的空间，并产生了许多托尼并未留意到的问题。四十年前的这次早餐有多么寻常？为什么福特太太要对托尼说：“不要总让维罗妮卡占你便宜。”在托尼离开的那天，福特太太为什么露出了意味深长的笑容，仿佛他二人之间有什么秘密？为什么在告别时，福特太太要将手掌“放在腰部位置进行水平摆动”？——这一点甚至在托尼看来都是不同寻常的。

我们读者是很难，甚至不可能了解到在福特家究竟发生了什么：这一家子究竟是寻常还是不寻常？是亲近还是冷漠？又或是两者兼具；托尼（“意欲闯空门的窃贼”）有过冒犯的行为吗？还是他在某种程度上遭到冒犯或是被愚弄了？他是否留心到平静表面下潜藏的秘密？还是说他的这次拜访毫无特别之处？对于这些问题，我们不能得到确切的答案，唯一能感受到的就是托尼在故事当中流露出的不安。托尼唯一真切的记忆是他当时一直处在便秘的状态。托尼如今似乎释怀了，想起他当时回到家后，“终于痛痛快快地拉出了积存了一个周末的大便”。或许这只是一个为了缓解不安的笑话，但托尼无疑感到放松并安稳了下来。

托尼重新安定下来，接着告诉我们，维罗妮卡一周之后进城来了，他便将她介绍给了自己的老伙计——科林、亚历克斯和艾德里安。他们一行一同拍照，四处游览，与一般的正迈向成年的年轻人无异。我们会想那时的托尼是十分放松的，但他如今回想起来，觉得维罗妮卡那时就在算计，在"玩弄诡计"。托尼在那时可能并没有这样的灰色想法，但现在他在讲述中提出了这样的疑问；他对旧日不甚清晰的印象和回忆如今激发了他(和我们的)求知的渴望。托尼在与过去作斗争，对那些潜藏在平凡生活的表象之下的秘密提出疑问。

后来，维罗妮卡提出两人的关系"停滞不前"，还说托尼是一个"胆小鬼"，总是逃避她问的问题——我们或许能够理解她的不安和沮丧。托尼对维罗妮卡表明，自己只想过着"温和派"的生活，避免动荡，避免令人不安的亲密关系和承诺。托尼和维罗妮卡说明了他的想法之后，两人的关系似乎开始破裂了——尽管我们或许早就怀疑这样的开端和终结都是谎言，是托尼为了封存那些他难以掌控的时间、记忆和欲望，以阻止从前的这一幕重新上演。

托尼在叙述中回溯过去——维罗妮卡离开他了，两人的关系也走到了尽头——如他二人相遇之时一样朴实无奇。由此托尼又回想起了另一件往事，这件事与托尼迄今为止的回忆截然不同，跳脱了平庸的生活。这件事与维罗妮卡有关，在托尼看来，它是如此"独特"和"清晰"；换言之，在托尼眼中，那是一个神秘而超凡脱俗的时刻。

托尼回忆起的是他与维罗妮卡在敏思特沃斯的塞文河边观潮的那个夜晚。那时的河流就如他现在的叙述一般，涨高尔后突然转向。托尼记得那个神秘的现象，那时自然和时间似乎蓦地转变了方向，看起来有些怪异却无比奇特，仿佛遵照的不过是它们自己的心意。托尼坚称当这令人感到恐惧的一切发生时，唯有他一人待在岸上。听了他的讲述，我们想象托尼在那时或许已然窥见了自己身上的谜团和命运。

然而托尼故事当中这个蕴含着无限可能的时刻，似乎对那时的他影响甚微。我们不由得怀疑它是否确实发生，起码是否真如托尼所描述的那样？之后维罗妮卡会告诉托尼(和我们)，那一夜他二人是在塞文河畔共处的："对了，我们确实一起去了敏思特沃斯。那天晚上还有月亮。"托尼在那一晚究竟体验到了什么呢——无限的恐惧或是平凡的孤独？是浪漫还是被抛弃、被拒绝？奔腾的河流还是魅惑的月光？究竟是与自我的独处，还是与维罗妮卡的约会？或是二者兼具？显然托尼希望逃离这些问题，就如维罗妮卡说的那样，托尼或许就是一个“胆小鬼”，但无论如何他的故事已经提出了这种种问题。托尼极有可能继续“我行我素”，但他如今的故事已然比他希望揭露的还要多。

托尼的故事并没有依照线性顺序，而是为记忆和欲望所驱使——他与维罗妮卡分手的回忆引发了他对塞文河畔这段往事的回想；现在这个“独特而清晰的”时刻又使托尼想起了另一件有关维罗妮卡的旧事，因为故事本身的回环性，我们并不会对这样的发展感到惊奇。令我们感到惊奇的是托尼接下来所说的话：“我们分手以后，她和我上了床。”

托尼的故事急转直下。他很清楚我们这些读者的存在。尽管他的口吻是谈话般的，但同时也是有所保留的，似乎有些担心我们对他的评价：“是的，我知道。我就知道你们会想：这个可怜的笨蛋，他怎么没想到这一点？”我们或许会惊奇，托尼本人对这个发展竟也感到十分惊讶，起码直到他重复自己原先的话之前都是如此：“是的，你可以再说一次：你这可怜的笨蛋。在她为你戴上安全套的时候，你还会认为她是一个处女吗。”

在与维罗妮卡发生关系以前，托尼想过她是否为处女这个问题吗？他说自己确实做过：“奇怪的是，我确实还那么想。”或许维罗妮卡此举是为了诱惑托尼，挽回他并修补二人间的关系；或许她只是为了补偿托尼，也可能二者兼具。然而维罗妮卡的做法在那时似乎对复合起不到任何作用（至少对托尼而言是这样）。在发生了“完全性行为”之后，他们二人便不再交谈了，托尼又一次如释重负：“既没有人怀孕，也没有人死去。”托尼似乎是在总结，他或许想到了从前那个可怜的罗布森，以及托尼总是避之不及的“浩大的动荡不安”。

跟随托尼的脚步，我们已然走过了他生命的四分之一——这段生活看起来平凡无奇，比起感性更偏向于理性；比起托尼叙述当中所运用的谈话式语言传达出的紧张和亲密，生活本身是冷淡且有所保留的。然而在托尼叙述的这些记忆、印象和轶事之下似乎掩藏着别的故事和可能性，似有一条暗流（如塞文河一般）威胁着（要破坏）托尼的“温和派”生活以及他有些崇奉唯我论的自我。即便托尼有时踌躇、不安，但他始终不置可否；他期盼的是一片宁静祥和之地，使他能够逃离“动荡不安”。托尼知晓的比他所讲述的更多，而他讲述的则同样比我们知道的更多。我们或许会和维罗妮卡一样，希望托尼能够言他所想、所感，心口如一。然而（如维罗妮卡所言）托尼更乐意相信那些他适宜相信之事。

换一个角度来谈，托尼喜爱利用理性逻辑去寻找真理；然而理性逻辑并不能将所有事情解释清楚，比如那河流之上突然涌起和转向的浪潮，或是人在生活当中遇到的种种偶然事件。就像法律是为了审判（如托尼脑中的那个律师所说），逻辑则是为了逃开时间不可避免的瓦解——“逻辑，是啊，逻辑在哪里？比如说，在我的故事的下一个时间点到来时，它在哪里？”

“下一个时间点”将托尼（和我们）带回了艾德里安身边——在当时，托尼叙述的开端正是这个新来者。艾德里安是公认的逻辑大师，十分出众，像是一个“塞尔维亚枪手”。托尼确乎清楚我们这些读者的存在，因此当他谈到这“下一个时间点”时，他有些犹豫是否继续说下去：“你们也许会猜到我是故意拖延时间，不想告诉你们接下去的那件事。”接下来的那件事同样令人震惊：艾德里安写信告诉托尼自己想与维罗妮卡交往，并且表明这封信是维罗妮卡建议他写的。托尼没有留下这封信，所以我们无从对证信的内容究竟几何。托尼强调道：“这是我现在对当时发生的一切的解读。或者，更确切地说，是我现在对于当初所发生的一切的解读的记忆。”我们或可补充，我们现在是在解读托尼眼下对于当时发生的一切的叙述以及他当时的想法。

托尼最终以自认为合适的方式写信答复了艾德里安，由此他似乎又一次如释重负，重新找回了“温和派”的生活。在信中，托尼建议艾德里安小心谨慎，不要被维罗妮卡诱惑，因为在他看来“维罗妮卡很早以前一定受过伤害”。托尼或许回想起在英文课上学到的拉金的另一首诗《再爱一次》，诗人自我质疑，感到自己没有爱人的能力，诗中写道：“一些带着暴力的事情/远道归来，还有不当的回报/和永恒的傲慢。”对于维罗妮卡"受过伤害"一事,托尼承认自己没有确凿的证据,但他确信自己在拜访福特家时目睹了一些古怪的事情。由此我们不禁开始怀疑"受到伤害"的并非维罗妮卡,而是托尼。或者就如托尼的岳母所言:"我估计我们全都被虐待过。"

我们有理由相信托尼此刻的叙述当中包含着失落情绪,然而托尼对此无从得知,也难以描绘;他从自己不甚清晰的记忆和印象当中无法获悉这种情绪的存在,而信件也已被摧毁。但我们通过托尼现在的精神状态能够推断一二,他说:"……你能从一个人目前的心态推测出他过去的行为。"至少这种推测能够应用于个人生活。

同时我们又一次知晓托尼对我们的关注,以及他对我们的评价的在意,和他的有所保留。托尼一直在猜测我们的想法:"你甚至可能会要我把我的'理论'运用在自己身上,让我解释我在很久以前受过怎样的伤害以及可能导致的后果:比如说,它会如何影响我的可信度和真实性。"我们或许会回答,确实如此——我们确实揣测过你的可信度,受过伤害的是否是你而非维罗妮卡?然而托尼已经准备好了应对,他似乎听见了我们的回答,接着便说道:"说句实话,我还真不敢确定我可以回答这一问题。"

我们在与托尼谈话,这种谈话正是托尼所希望的,他希望以此来解释自己。我们了解他就像他了解他自己一样,但这似乎只是他叙述生活的意图的其中一部分。倘若他是一个值得信赖的叙述者,我们能够相信他吗?他是否试图忠实地描述自己,还是他在有意欺骗呢?我们明白托尼眼下所讲述的只是整个故事当中的一部分,但这一部分看起来对他而言确实意义重大。例如,他就将自己与一个名叫安妮的女孩的交往过程描述得无关痛痒:"安妮是我故事中的一部分,但不在这个故事里。"托尼给我们讲述的这部分故事是与众不同的,他与故事是互相选择的;这个故事当中包含了维罗妮卡和她的家人,还有作为故事开端的艾德里安。这部分故事是托尼的旅途,是他想要同我们分享的命运轨迹,我们应当跟上他的脚步。

托尼没有交代在他回信以后,维罗妮卡和艾德里安有何反应;但我们可以想象,或许在托尼闯荡美国时,维罗妮卡和艾德里安已经结成情侣关系。但接下来发生的事又一次令我们瞠目结舌,看起来毫无逻辑可言——艾德里安像那个可怜的罗布森一样自杀了,但他留下了一封"解释动机的遗书",其中包含了一些个人和大众的观点,说明他为何决定在浴室中割腕自杀。托尼当时对此的论断是,艾德里安此举是经过逻辑思考作出的决定,是为行使道德义务,以拒绝生命这份非其索取的礼物,因为艾德里安认为"仅仅让生命降临到你头上是被动而不可取的"。艾德里安是一个英雄式的人物,值得一读,他既不平凡,也不平庸。

艾德里安此举似乎回答了 20 世纪中唯一真实的哲学问题(由加缪提出)——既然人的存在是荒谬的,那么为什么还要继续这种无意义的状态,而不选择自杀呢?艾德里安以他个人的逻辑思考,亲身实践了这个理论。正如托尼所描述的那样,艾德里安是独特超凡的。但"法律、社会以及宗教都认为,精神正常、健康的人是不可能自杀的"。对于它们而言,自杀只能被认定是发疯和不稳定的。在艾德里安看来,自杀"在哲学上是不言而喻的",是对这个非理性世界的理性回答。相对的,主流世界显然也对他作出了论断。

托尼的叙述是摇摆不定的,似乎对于这个论断的两面都持有相悖的观点。我们或许会认同在两种情况当中,论断假定存在的逻辑试图中断生命之流。似乎我们作为读者无法从这种"不言而喻的"论断的任何一面了解到人类的复杂性,除非我们愿意封存我们所追寻的真相和秘密,即便我们因此而倍感疑虑。谈到托尼的叙述节奏,我们现在可能越发感受到由记忆和欲望所塑造的叙事,更多的是被托尼的感性思维所影响,而非他的逻辑思维。

托尼、科林和亚历克斯坐在一处,讨论艾德里安"为何"选择自杀;现在他"如何"自杀已经一清二楚了,但究竟"为何"则看起来迷雾重重,使人不安。亚历克斯说,自己最后一次见到艾德里安时,他看起来"很开心,很快乐";艾德里安还说他正与维罗妮卡交往,正要到她家去探望她。依照逻辑思维,托尼认为艾德里安的自杀是"范例般的",甚至是勇敢的;同时它也像亚历克斯说的那样,是"真的好可惜"的。即便托尼能够将这次"范例般的"事件置入时间的凹槽之中,以此将其抛之脑后,但它无疑已经成了包含着爱与死、令托尼烦扰的存在，因此托尼希望将它掩埋在“温和派”的日常生活之中。托尼宣称自己懂得艾德里安自杀的深意，但我们有着自己的顾虑，我们应当考虑的是他的叙述，而非他的论断。

托尼接下来用短短两页书讲述了自己成年后的生活：他在艺术管理局工作，和玛格丽特结婚，有了一个名叫苏茜的孩子，后来他和玛格丽特离婚了，再后来他退休了。这样的生活如此寻常，是历经四十年的幸存者的记忆，托尼“既称不上胜者，也算不得败寇”。至此，托尼故事的第一部分就结束了，我们不禁会想在此之外他会告诉我们一些什么，因为他似乎已经将他的生活完全总结了。他历经时光，幸存了下来并为我们讲述这个故事，但这故事看起来如生命一样单薄，并非平凡到一无可取，但其中包含的种种假设都是极为简单的；它流于表面，如“温和派”一般无关痛痒。“每一天都是星期天”——托尼说，这是个不错的墓志铭。

当托尼的讲述进入第二部分，我们或许会猜想，他如先前自己所说的那样，“不够古怪”：他满足于自己的家庭生活，缺乏想象力，十分传统，不能或者说不愿去认识自身或是他人身上古怪的部分。换言之，他与我们之中的大多数一样——不能或者说不愿看清“我们鼻子底下发生的事”。这看上去有些像是对我们这些读者的忠告：不要变成托尼那样。

托尼显然还没有作好结束故事的准备。我们或许还记得在第一部分当中，托尼在艾德里安和维罗妮卡身上耗费了大半笔墨。自那个“令人难堪的周末”——托尼现在这么称呼它——已经过去了四十年，在那个周末，托尼拜访了维罗妮卡一家；托尼说自己已经很久都没有记起那件事了，直到一个律师给他寄了一封信。这封信上写着“关于莎拉·福特夫人（已逝）不动产相关事宜”，这印证了托尼的那句话：“记忆是那些我们以为已经忘记的事情。”因为托尼的叙述十分紧凑，所以我们并未忘记福特一家。事实上，这个周末同托尼生命中的大部分经历相比，是足够特别而不会被忘记的。

律师的信函告知托尼，有人给他留了一份“五百英镑和两份‘文件'",托尼(和我们)感到很是疑惑。其中一份文件是福特夫人的信,信中她向托尼为那个周末一家人对他的招待不周而道歉,并说自己留给他"一小笔钱"和一段"很久以前的记忆"。在附言中,福特夫人说,艾德里安在人生的最后几个月是快乐的。

我们知道(或是我们认为我们知道),托尼不喜欢谜团、(真实或想象中的)未解之谜、会威胁到他"心如止水"的邋遢,以及日常生活之下暗涌的混沌。然而福特太太的信似乎蓦地激起了某种谜团,仿佛是从坟墓中寄出,并带出了托尼掩埋的回忆。托尼曾经沉寂的生活由此又一次被抛入了疑问当中。我们会想,那个掩藏在托尼意图讲述的平常故事之下那个古怪、神秘的版本,是否也会借此机会浮出水面呢?

我们刚刚进入托尼故事的第二部分,就突然之间陷入了种种秘密之中。原本附在信上的第二份文件是艾德里安的日记,如今不翼而飞;而福特太太的五百英镑遗产也显得颇为古怪。尽管托尼叙述的口吻一如以往的克制、冷静,但他自身无疑又一次陷入了封存的记忆之中——突然转向的浪潮是会再次出现的。或许在当时确实有人犯了一桩罪事。

莎拉·福特似乎是一位"神秘的女士"。依照玛格丽特的说法,世界上存在着"两类女人":一类"棱角分明",一类神秘莫测。福特太太的"神秘"是因为托尼无从了解她?还是仅是她用于诱惑男人的一种表象?这一点我们无从得知,就像托尼现在无法理解信件的真正用意一样。或许福特太太原本就是一个谜团,对她自身而言同样如此。

托尼掌控着我们吗?同时,我们不禁会想他是否在借助叙述编造一个他自身切实了解的谜团?托尼谈话般的口吻是否足够棱角分明,使我们能够探得其中的奥妙?又或是我们之所以难以了解这个谜团以及托尼的与众不同,是因为我们太过平凡?

维罗妮卡是另一个谜团,(我们很快会发现)正是她取走了艾德里安的日记——这是一条帮助解决谜团的重要线索。为了拿回日记,托尼找到了维罗妮卡的哥哥杰克,后来还从前妻(头脑清晰的玛格丽特)那儿得到了建议:"把那五百镑支票兑了,带我去度个花钱不多的假,然后就此罢休。"一个追寻自己宿命之人终会无可避免地折返,托尼也是一样的——紧接着,这一切“直接导致了维罗妮卡·福特小姐事件”。托尼觉得维罗妮卡是一个“谜团”,一个“你总想解开的谜团”——这个“你”既是我们也是托尼。

托尼用电邮与维罗妮卡取得联系,询问有关文件的事;维罗妮卡最初的答复是令人困惑不解的“血腥钱”,意指母亲留给托尼的那五百镑遗产。(为什么福特太太会留下这笔钱?)最终维罗妮卡给托尼寄来了一份日记片段的影印,上面满是关于人际关系和责任划分的数学公式与抽象推理。但在这片段的最末处,艾德里安突然从公式跳到了叙事,留下了一个耐人寻味的未完成的结尾:“或许,我们不妨把责任范围缩小,分配得更精确一些。并且用传统的叙事术语而非等式和整数来表达事物。因此,比如,假使托尼……”“叙事术语”“因此,比如,假使托尼”这些字眼唤醒了托尼。

托尼读着片段,并未深究公式和那些抽象概念,而是陷入了感性的体验之中,他感到:“艾德里安仿佛又来到了这一房间,就在我身边,呼吸着,思考着。”触动托尼的并非艾德里安记述的内容,而是他所言、所思和呼吸之中蕴含的某样东西,以及他的声音。艾德里安的鬼魂仿佛从坟墓中归来了——换言之,这魂灵是“人生常态的对立面”。托尼说:“他让你觉得与他同呼吸、共思考,即使你默默无语。”由此便会产生一种奇怪的伙伴之谊,使人“心绪难宁、局促不安”。此刻,我们感到艾德里安的声音仿佛与托尼的叙述同步了,与此同时,托尼感到看不透自己了。

由此我们很容易就会联想到托尼在塞文河畔的那次观潮:那时浪潮不安地转向,看起来神秘莫测、超脱俗世,一时之间竟让托尼遗忘了自己;那时的托尼没有像同伴们一样,举着电筒,追赶那惊异的潮头,而是待在漆黑的河畔。此刻,他又一次意识到了真实的自己和可能成为的“自己”之间存在的差异:“因而,比如,假使托尼不是托尼。”

为了找回日记,托尼与维罗妮卡在泰晤士河上的摇摆桥见面了;泰晤士河被“一阵狂风搅乱了水面,掩盖了河的流向”。维罗妮卡称自己已经烧毁了艾德里安的日记,但是给了托尼一封密封着文件的信,接着便离开了。(即便这不是一个犯罪小说,也无疑是一个悬疑小说)托尼回到家，在查看内容以前，给自己“又倒了一大杯酒”。他和我们都小心翼翼，就如同他对待自己那样。犹豫着，他读了信的称呼——“亲爱的艾德里安”，发现在他眼前的是自己“多年前”亲手写给艾德里安的信。

现在托尼想起了我们，在继续讲述之前，他进一步谈了一些哲学性的思考，重申了自己迄今为止的故事的主题。托尼的暂停很显然是为接下来揭露的信件的内容烘托氛围。

“我们多久才跟别人讲述自己的人生故事？”托尼问道，“我们又是多久会对其调整、修饰，甚至巧妙地删剔？年岁越大，周围挑战我们的讲述的人就越少，很少有人会提醒我们，我们的生活未必是自己的生活，而仅仅是我们讲述的关于人生的故事。是讲给别人听的，但是——主要是——讲给自己听的。”很早之前，托尼曾经向我们简单谈起过这封信，他认为这封信证实了“维罗妮卡很早以前一定受过伤害”。接着托尼说，自己将艾德里安和维罗妮卡“永远逐出了我（他）的生活”。但这一切只是托尼当时的论断，而眼前的这封信似乎推翻了一切，这些记忆令他措手不及，连带他先前对自己的解说都变得不可信起来。

我们读者也应当暂时远离这一时刻。正如托尼所说，除却他自己讲述的那一部分，我们对他的现实生活知之甚少。即便在托尼看来，艾德里安和维罗妮卡已被他从生活中逐出了四十多年，但这二人无疑一直处在他的故事之中，未曾离去。事实上，他接下来呈现的这封信的内容所占的篇幅，同他用于概括与玛格丽特四十年的婚姻生活的篇幅是一样多的。

这封信的内容丑陋、粗鄙，侮辱了艾德里安和维罗妮卡两人，完全想不到是出自托尼这么一号自诩“温和派”的人之手。在信中，托尼咒骂两人，并称时间将会将报复施与他们的“一代代后人”，并且艾德里安应向维罗妮卡的母亲“问清楚她（维罗妮卡）曾经所受的创伤”。

这封信当中包含了种种可能，为托尼（和我们）创造了一处语言空间；它向前重塑了托尼过去所说的经历以及他的记忆，往后则使托尼重新审视自己所说的故事。这封信充斥着圣经中的教诲、心灵上的刺探、哲学上的思考，以及印刻在妒火和恐惧中的希冀，它既是开端，亦是终结。然而这封信只在托尼的生命中出现过一时，它所创造的语言空间脱离了它的作者独立存在，而作者的生命则被塑造成故事，呈与我们：“我把这封信读了一遍又一遍……我唯一能申辩的是，它的作者是曾经的我，而非现今的我。”似乎托尼既是亦不是托尼。我们所追寻的是生命还是故事？或是两者兼具。作为读者，我们不禁会想，当我们跟随着托尼叙述不断回环的脚步，我们想明白的究竟是过去的托尼，还是现在的托尼？因而我们仍需继续探索：“因而，比如，假使托尼不是托尼。”

就像托尼的整个故事一样，这封信不像是固色剂，而像是溶剂一般，能够改变记忆的流向。托尼说：“……再次展读我的那封信，分明感受到它的粗鲁和挑衅，在内心深处掀起一股强烈的冲击波。”这不禁令他浮想联翩：“我很想知道维罗妮卡在回信时是否感到很苦恼”“我很想知道，维罗妮卡是否因为杰克告诉我她的电邮地址而找他算账”“我很想知道，她很多年前说的‘感觉不对’是否仅仅只是出于礼貌”“我是不是很笨拙、很莽撞、很自私”。托尼说自己对全部人生“心怀悔恨”，而“悔恨的最大特点便是无能为力”；他还想，如果“悔恨可以倒流”“被原谅”就好了。托尼说自己曾“随波逐流，放弃了审视人生”，但我们不禁感慨于他如今对自身的剖析。托尼认为人生“不只是加法或减法，是损失或失败的累计，相乘”。或许能够拯救他（和我们）的便是他所讲述的故事和对自身的审视，以及我们对他的倾听。

托尼将这封信记下，继续追寻自我的旅程。但我们不清楚，他是否真的想要实践苏格拉底的那句名言——“认识你自己”——抑或只是想要（给我们）“留个好印象”。托尼焦虑不安，希望从玛格丽特那里得到宽慰；后者不知如何评价，并最终告诉他，他应当靠自己。倘若我们一直在倾听这个故事，便会知道他所抛弃的唯一见证人就是维罗妮卡（和我们）。

托尼提醒我们，生活远比我们想象的要复杂得多，现在他又重回到“很久之前和福特一家度过的那个周末”，回到那“埋藏在记忆深处的零星细节”。那时其实发生了不同寻常之事，但零星的碎片使得它看上去只是稀松平常；现在那些散落的记忆鲜明地重现在托尼（和我们）眼前，引发了种种疑问和可能。曾经被埋葬的生活片段如今重见天日，每一片都似乎卷挟着一个神秘的场景：福特太太将炒散了的熟鸡蛋倒进垃圾桶(这里同生命、性、流产,曾经受到的伤害和将要受到的伤害有所关联吗);杰克称呼福特太太为“母亲大人”(这里暗示了俄狄浦斯的恋母情结和乱伦行径吗);维罗妮卡背靠着门吻了托尼的嘴唇,并且低语道:“睡他个好觉!”(这里与诱惑有关吗,是否暗示了性暴力,是否同邪恶的继母、继女、继子有所关联);托尼在“大概过了四十秒钟后……将喷射出的精子哗地冲下屋子的水管”(那时托尼只是想着维罗妮卡,偷偷手淫了,还是他同福特家的成员发生了关系,间接或直接影响了这个家庭)。

对于这些碎片,我们应当从字面上将它们理解为生活当中分散、平常的片段,还是应当将它们看做解答故事之谜的线索?即便这些片段在当时是托尼所经历的,它们如今经他的语言描述也仿佛成了梦呓,如真似幻。彼时福特先生开车带领众人游览奇斯尔赫斯特一事不过是个臆想,托尼用谷歌地图仔仔细细地搜索过那个小镇,但他记忆中的东西都“好像不复存在了”。我们不禁会想将人类塑造的如此复杂、矛盾的究竟是故事还是生活,究竟是时间的滴答流逝,还是滴答声之间的片刻沉寂,抑或是二者兼具?

托尼仿佛被这些梦呓唤醒,记忆中也充斥着欲望;他同维罗妮卡又见了一面——托尼的动机为何,这一点值得探究,而他问了自己同样的问题。他是否真正理解了苏格拉底所认为的不经审视的生命不值得继续,还是他单纯想见维罗妮卡最后一面,“留个好印象”。他眼下在意的究竟是过去还是未来?他是否仍在求索某个秘密和他自己的与众不同之处?还是说他希望弥补四十年前本应实现的浪漫约会?或许他所追寻的是更为久远的东西——生命诞生之谜,以及它是否本就暗含着终局?或许他想知道那些看似熟悉的以及他乐于对自己讲述的故事——“站得住脚的版本”——是否属实,而生活是否当真平和、完满。

托尼又见到了维罗妮卡,他觉得维罗妮卡看起来“既像二十来岁又像六十来岁”。维罗妮卡的无名指上戴着一枚“红玻璃戒指”——她是如此神秘,似乎有着某种掌控力。托尼给维罗妮卡讲述了我们熟悉的那个故事——四十年来他所经历的婚姻、育子、离婚和退休——是他钟爱讲给自己听的“温和派”版本。听完托尼的故事,维罗妮卡并未谈到自己，而是径直离去——“她没有吐露任何有关她自己的事情，更不必说秘密了”。然而尽管托尼讲述了他的故事，但他似乎并未真正透露过什么。

维罗妮卡的离场在托尼心中引发了一阵兴奋的狂潮。托尼现在回忆起，在敏思特沃斯塞文河的那个观潮夜，维罗妮卡确乎是与自己待在一处的，他并非一人独处：“只有我与她谈论着世间的事情有时是多么不可思议，除非你亲眼目睹，否则有些事情你压根就不会相信。”这是托尼的记忆暗流的又一次转向，原本不可能出现的时刻此时竟然发生了，如此特别、令人震惊：仿佛托尼那时真的是“一人独处”，但他确实在与维罗妮卡对话，这感觉如梦似幻。这段回忆不受逻辑或论断的约束，在托尼心中滋生了“新的同情”“我所能说的就是它的确发生了，而且令我惊讶不已。”它同样激发了我们读者的欲望——爱欲与死欲，以及它们之间的相互冲突。

托尼的回忆不断回环，从现在回到过去，从过去重回现在；如今托尼又为未来增添新的可能，因而平添了新的希望。令托尼感到惊讶的是，他希望与维罗妮卡再次相见，来一场约会，感受它会带来的“欣喜若狂”。托尼或许已经变成了自己梦想中的样子，过上了自己从未过上的生活。

维罗妮卡同意与托尼再次相见，地点约在了一个托尼“并不熟悉的地铁站”。来到地铁站，托尼第一眼看到维罗妮卡时似是有些不真切，只见“一个特别的身形，那站姿也很独特”。维罗妮卡掉头就走，托尼跟了上去，就像是在追踪一个幻影。维罗妮卡极少出声，她坐进了车子，两人驱车到了一处典型但辨识不出的伦敦景观。或许此刻托尼和我们一样感到迷惑；而维罗妮卡则相反，她似乎有着明确的目的和方向，并希望托尼去看、感受，去留心。即便托尼不明白故事本身，或是他眼前究竟发生了些什么，但他无疑是故事当中不可缺少的部分。

托尼看到一行五人在这大热天里正沿着人行道走着：一个男人穿着厚厚的粗花呢，看起来“活像马戏团或游园会上跑龙套的”；后面跟着的两个男人，一个长着“黑黑的胡子”，走路“摇摇摆摆”，另一个“一边肩膀比另一边高出很多”；走在第四个（艾德里安也是最初那个小团体中的第四人)的“戴着眼镜的傻大个”,手还牵着一个“丰满的、有点像印度人的女人”。这一群人走过之后,又走来一个穿着短裤和开领衬衫的年轻人,看起来陌生又熟悉,可能是这群人的“头儿”。

起初托尼还在期待与维罗妮卡的浪漫约会,他现在无疑又遭遇了新的可能,一个错失的机遇,仿佛看到很久以前曾受到的伤害。这似乎是我们先前期盼的另一个故事——过去托尼为了获得安全感,犹豫着是否将它讲与我们听;如今这个故事即将浮出水面。托尼向维罗妮卡提及刚刚那群陌生人,问道:“他们怎么回事?”维罗妮卡迅速答道:“你怎么回事?”托尼没有得到答案,但我们读者或许可以做到。

不多时,托尼坐在车子当中,目睹维罗妮卡同这群“社区内照顾病员”小组成员亲切地谈话。当维罗妮卡同他们告别时,那个“戴眼镜的傻大个”没有称她为“维罗妮卡”,而是说:“拜,玛丽!”接着维罗妮卡驱车载托尼离开了,途中她冲着一道减速带直冲过去,毫无减速的迹象;接着,维罗妮卡终于回答了托尼此前的问题:“对了,我们确实一起去了敏思特沃斯。那天晚上还有月亮。”我们不禁会想维罗妮卡是否也在惦记那些错失的机会,但我们也和托尼一样,感到此刻已经不再适合来一场约会。我们同托尼都想问:“那个看上去傻乎乎的家伙为什么管你叫玛丽?”但维罗妮卡并未回答,托尼与我们都是孑然一身。

回到家,托尼开始“考虑究竟发生了些什么”——不仅仅是白天里街上的事儿,还有他的全部人生。他现在似乎不仅仅关注苏格拉底了:“忘了是谁说过一句话:活得越老,懂得越少。”托尼想知道。我们猜想这名言到底是阐发于对知识追寻的过程,还是我们知之甚少的发现过程,又或是二者兼具?似乎指引我们前进方向的并非答案,而是疑问。我们不知道我们究竟为何想要弄清那些无法知晓之事,但我们始终希望为那些难以掌控之谜作出解答。

为什么维罗妮卡要将托尼带到那条街上?这是托尼现在唯一想要弄清楚的问题,于是他一次又一次回到那条街上,等待记起点什么——“说不定还能想出个办法”。就这样过了三个星期,两个熟悉的身影出现在了酒吧当中,“一个走路一瘸一拐,另一个留着胡子”,后来他们俩被人领走了。托尼独自坐在那儿,一直在观察,等待时机成熟——终于，这个夜晚来临了。

托尼走向吧台，点了东西。在这途中，托尼像是无意地与这群人面对面遭遇了："那个又高又瘦的家伙正好挡在我面前，我就停下来仔细看着他……我感觉到他很想转过身背对我。可是，他的举动却出乎我意料。他摘下眼镜，仔细看着我，棕色的眼睛泛着温柔。"

"我是玛丽的朋友，"托尼告诉他。这个男人先是微笑，然后就慌了，他转过身走开了，显然是感到困扰。几分钟后，托尼和男人的看护工站在吧台前聊了起来，托尼先是道歉，然后解释道：

"我之前见过他一次，有一天下午跟玛丽一起过来的。"

"要是这样的话，我相信你会理解，"她轻声说道，"你会的吧？"

我们是不理解的，但托尼认为自己是明白的："事实上，我早就明白了。我根本不需要跟徽章男或是那个男护工打探消息。现在我明白了。"

倘若这个"又高又瘦的家伙"令托尼感到惊讶，那么我们这些读者也无疑有着同样的感受；但并非是因为眼前发生的一切，而是因为托尼坚称自己明白这其中的奥秘。我们无从知晓托尼究竟知道些什么，但我们应当会相信他的解释，尽管他此时并未透露些许。是否是托尼目睹的一切引出了真相，无论这真相究竟几何？抑或是我们作为读者迄今为止通过托尼的语言所经历的一切揭示了真相，揭示了我们一直在求索的谜团？或是这个真相本就存在于（经历和叙述之间的）缝隙之中？

托尼再一次停下了叙述，他犹疑着，感到我们这些读者需要得到解释。他是如何知晓自己所声称的已然明白的一切的？我们又为何对此一无所知？"一切都写在了他的脸上，"托尼说，"但要是有人面部表情跟所说的话对不上，我们'审问'的是前者。"这个四十岁左右、"又高又瘦的家伙"的面部表情告诉托尼，他其实是"艾德里安的儿子"，从颜色到神情，从他那苍白的脸颊到整个脸部的骨骼结构，"他的眼睛传达着显而易见的真相"。是的，对托尼来说显而易见，但对我们来说并非如此。我们无法看到托尼的脸，因而不能像他审视艾德里安之子一样，去审视他的面部表情。

托尼坚称自己透过眼前的这张脸看到了真相——他感受到了它，如梦似幻；仿佛这真相只是他的一场幻梦，是他现在与我们分享的经历。它确乎发生了，无论我们是否接受托尼对它的判断，它都是托尼接下来要告诉我们的故事。托尼认定这个又瘦又高的男人就是遭了诅咒的艾德里安之子。

这对真理（倘若我们能够如此称呼它）的一瞥使得托尼又一次心生懊悔，他似乎又一次因自己从前的咒骂而备受煎熬，他在信中对维罗妮卡和艾德里安的恶毒诅咒如今真的报应在了"无辜的胎儿"身上。这些诅咒之辞令托尼"直哆嗦，觉得冥冥之中自有另一个世界"——这正是那被埋葬的真相。

这就是托尼在酒吧中无比焦虑地等待着的吗——托尼埋藏在平凡故事之下的另一重故事？这个故事无论我们感知与否，都确乎存在，而托尼则不愿为自己讲述这个版本；这仿佛来自"冥冥之中"的故事如今仿佛一道惊异的浪头，出人意料地卷挟着托尼所认为的"不可改变的事实"。此刻，我们或许会怀疑托尼在艾德里安之子的眼中看到的是他自己身上的怪诞之处，是他曾从艾德里安的日记中感受到的另一个自我，是他在塞文河上感受到的无限的恐怖，是他复杂的自我，以及当中的奇迹——至少这就是我们在听了托尼现在讲述的故事之后所感受到的。使人产生继续前行的欲望的并非托尼讲述的内容，而是他的意向；并非他自认为明白的东西，而是因为这个事件本身的意义，是托尼所不能领悟的爱欲、死欲以及它们之间的冲突。

托尼又一次想起了维罗妮卡，此刻他的内心充满了一种我们未曾见过的共鸣；托尼明白自己的所作所为造成的伤害，因而这份共鸣带着忧伤和失落；而托尼对于"维罗妮卡抱有的一丝幻想"从未实现。托尼带着这份失落感，希望我们与他一起重回过去。我们感到他正在解答自己从未考虑过的问题，阐述他所不知但确信之事：维罗妮卡怀上了艾德里安的孩子，并且生下了一个男孩儿。她为这个男孩儿牺牲了自己的年华，但最终她再也无力挣扎，让"社工带走了这个孩子"。托尼告诫我们："想象一下她当时的感觉，那种失落感，挫败感，还有内疚感。"第一次，托尼站在维罗妮卡的立场看待事物，他心怀关切，而不再为了自己去苛责她："我还指望着她把艾德里安的日记给我？现在，我觉得她肯定早把日记烧掉了，站在她的角度看，我可能也会烧掉的。"

托尼重新思索维罗妮卡的人生和性格，在自己的故事当中重新评价她。由此，托尼不得不回到过去，回到"第四人"艾德里安身边，艾德里安之死从一开始就升华了托尼的故事；他"这个朋友，可是个大哲人……他那高贵的举动一次又一次凸显了大部分生命的妥协和渺小"。托尼确信已重塑了维罗妮卡在自己生命当中的形象，便回到过去，"与艾德里安打交道"。尽管托尼相信自己能够单独看待这部分生命，认识艾德里安的"秘密"，但我们应当明白这个过程是孕育着终结的开端。我们所能期待的只是一种终结的感觉。

倘若艾德里安不是那个有着足够勇气去拒绝生之礼物的艾德里安，那么他会是如何呢？托尼评价说："把自己女朋友肚子搞大，却不敢面对后果，用当时的话来说就是选择了'走捷径'。"或许艾德里安并非是超凡、独特的，而是平庸甚至陈腐的。他只是罗布森的翻版，"害怕过道里的婴儿车"。这至少是托尼此刻对艾德里安的评价，断定了艾德里安只是一个庸俗之人，颠覆了我们之前对他的印象，而这种评价确乎暂时让托尼稳定了下来。但我们不禁会想托尼此刻评价的究竟是何人，他的这种安定感又能维持多久。托尼的故事是双重的，那么艾德里安也无疑有着另外的故事。促使我们继续向前的并非是托尼的这个评价，而是他对评价的表述。

托尼保持着与我们的对话，借助自己的叙述找寻自我；他的叙述不同于他本身，它在这一过程中变得越发不安起来。即便托尼无法寻得他所寻求之"秘密"，他也无疑对自己(和我们)敞开了心扉。借助叙述，他现在发觉了自己花费大量的时间，却未能逃避的苦痛："一个一直以来都觉得自己知道怎么逃避痛苦的人(这恰恰是受伤害的原因所在)，最终还是受了伤。"

这种苦痛是造成他最初想要逃避的伤害的缘由和结果——创造一个能够躲避伤痛的版本的故事。现在，他给维罗妮卡写了一封"道歉信"，这是他所能采取的最好的办法："虽说没有我期待的那么好，但至少每个字都是真心实意的。"托尼对我们展现了他的承诺和忠心，我们应当继续倾听他的故事。然而他的希望依旧落空了(就如维罗妮卡在回复中说的那样),我们感到眼下他的故事就是他所知晓的全部,尽管它的轨迹并不如他期许的那般。托尼感到自己"精疲力竭,整个人都被掏空了"——这是他的生活,亦是我们借助他的故事所追寻的生活。

托尼又一次来到酒吧,仿佛在等待着什么发生。"就在那时,他们五个全部走了进来……"护工走到托尼身边,想与他谈谈艾德里安,护工指的并非是托尼的老友,而是老友之子——这个又高又瘦的男人,这个曾经的、受到诅咒的胎儿。

"你的出现让他很不自在,"护工说,"介意跟我说一下你是谁吗?"

这是一个不可能回答的问题,但托尼仍旧介绍自己是艾德里安的父亲以及母亲维罗妮卡的老友。他的回答在我们看来是说得通的,即便他并非真的清楚自己是谁,我们是明白的,毕竟我们经历了他的故事。然而护工是不明白的,因为托尼的故事是很独特的。

"玛丽不是他母亲,是他姐姐。艾德里安的母亲大概半年前去世了。他受了很大打击,所以最近……才状况不大好。"

这又是一次戏剧性的逆转,也是最后一波冲击,同时也令我们感到震惊。托尼听完没有说话,只是从面前的盘子中拿起了一片薯片,吃了下去,心中评判着它的味道,希望众人安好。托尼留下了"平时两倍的小费",便离开了酒吧。这个真相是如此的出乎意料,令人困惑。但对托尼来说,这个真相是无可回避的。

托尼的叙述将我们带回了他家中。在那儿,他宣称自己搞清楚了,弄明白了。艾德里安日记中的公式——B, A^1, A^2, S, V——究竟意味着什么,现在一切"都清楚了"。B代表宝宝,A^1 指宝宝的父亲艾德里安,S代表宝宝的母亲沙拉,而V则是指维罗妮卡,这个宝宝"生下来就有毛病"。而 A^2 则是指安东尼(艾德里安正经时是这么称呼托尼的),他是"整个事件的责任链"中的一环。托尼最终在这条锁链之中、在世界当中找到了自己的位置,明白了自己究竟是谁。我们或许会质疑托尼对艾德里安公式的解读,但他自己显然并不怀疑它的正确性。托尼说:"我知道自己现在什么也改变不了,什么也补救不了。"托尼的故事成了一出悲剧,他的生命仿佛成了一场幻梦,而他的命运也最终写下。

托尼是如此肯定自己对事物的判断，但我们应当对他结尾处的总结产生疑问；我们质疑的并非他的忠心或是叙述，而是他现在讲述的故事本身。“有累积，有责任。”托尼在故事结尾说道，“除此之外，还有动荡不安，浩大的动荡不安。”

倘若此刻托尼感受到的是终结、决绝之感，那么我们读者所感受到的无疑是重回叙事当中的欲望，我们渴望发现自己遗漏的细节。倘若我们在托尼的故事当中窥见了自我，那么我们必得重回其中，再一次求索我们所不明之事。我们作为读者，作为人类，有义务冒险去满足托尼加之于我们的伦理诉求。倘若我们关注自身，那么我们也会关注托尼，并将他铭记在心，回到我们自己的“现实生活”中去。

11 语言叙事的未来

在加里·施特恩加特(Gary Shteyngart)所著的《爱在长生不老时》(*Super Sad True Love Story*)一书中,二十四岁的尤尼斯·朴发现自己的三十九岁男友列尼·艾布拉莫夫(未来世界为数不多的长篇作品读者)正处在一种我们称之为"深度阅读"的状态,她感到十分惊讶。尤尼斯在"全球青少年网"(升级版脸谱网)上给好朋友普雷舍丝·波尼发消息道:"总之,让我真正抓狂的是列尼居然在看书(不,那书不难闻,因为列尼用了清洁剂)。不是说我们在"欧洲经典"课上那样随意浏览,我指的是正儿八经的阅读……我本来想跟妹妹聊上几句,但这一幕看得我目瞪口呆。我就傻傻地待在那儿看了他足足半小时,后来他终于合上了书,我就假装啥也没看见。后来我偷瞄了一眼,是一个叫"托尔斯"[①]的……当初在罗马看到本在一家咖啡馆里看《纳尼亚传奇》,我就觉得他好厉害,可列尼现在看的这本"托尔斯"足有一千来页啊,而且他已经读到第九百三十页了,快读完了。(Shteyngart, 144)

马克·普林斯基(2001)认为,尤尼斯可被称为"数字原住民"——她用着数字化的语言,主修数字图像(辅修"魄力"课程——教授这门课的玛尔戈教授时常称列尼这样的人为"真正的人类")。列尼则与尤尼斯不同,他是"数字移民"的一员——这些人在书本当中成长起来,如今却为屏幕、消费文化和数据流所包围,这个时代到处都是电子电路,看上去似乎有着极高的透明度。

我们能够明白列尼为何阅读,但我们不禁要问尤尼斯为何会钦佩

① 尤尼斯看错了,此处应为托尔斯泰。

列尼的阅读行为。在尤尼斯看来,书本气味难闻,象征着衰败的旧世界;因而当她看到男友正在阅读时,觉得他仿佛是个"老古董",而自己则好像是在与远古时期的一只恐龙约会。然而即便是对尤尼斯来说,列尼的阅读行为当中也存在着令人称道的部分,为何如此?

我们可以称这一部分为"阅读危机"。尤尼斯认为,阅读为列尼带来了可供选择的可能性,洞开了一处未知而危机四伏的领域。当列尼沉浸在托尔斯泰的作品当中时,他所关注的就不再是那些尤尼斯无比熟悉的、各式各样的移动设备。列尼甘愿冒着风险,进行深度阅读,他希望一窥自我当中蕴含的秘密。倘若不是尤尼斯缺乏注意力,那么她无疑也会这么做。

通常,我们不会将阅读看做一段尤为危险的过程,但列尼确乎是一个"危险"的男人,尤尼斯明白这一点。列尼看上去身体孱弱、容易焦虑,还有些古怪,和故事当中的媒体大王乔西截然不同;但列尼无疑是一个真正的人类。当列尼沉浸在阅读当中时,他向自我和他人敞开了心扉,寻求爱与责任,犹如全身赤裸。尤尼斯和列尼生活的未来时代是一个亢奋的时代,媒体大王乔西所掌控的权力似乎更有助于未来时代的生存,但若要保藏人类伦理意义上的生命,还需凭靠对语言叙事的摄取,如此才有可能真正地认识自我。

如列尼这般的深度阅读者可能会发现他们一直崇奉的传统行将消逝,然而列尼不愿就此放弃。在列尼看来,传统依旧,它横贯了自己的俄罗斯裔家庭(契诃夫是他的最爱),装点着犹太遗风("圣书之民")。在小说快结尾的地方,列尼改自己的姓氏为亚伯拉罕,在某种程度上不仅仅是为了纪念希伯来圣经中的第一位族长,也是为了鼓励自己在保有真正人性的艰难道路上披荆斩棘。列尼在这个电子屏幕当道的数字时代中并不感到孤独或无趣,他是一个伦理意味上的人类,如今正以己身撰写一部语言叙事的长篇巨著。

列尼不是地球上最后一个坚持阅读的人,但也足以为我们敲响警钟。倘若有朝一日书本文化消失了,那么阅读文化无疑将紧随其后,招致毁灭。深度阅读总是危险重重,但真切的人之欲望——我们对爱与责任的渴求——都是借助深度阅读才得以丰满。列尼既是在阅读,也是在寻找生命的真谛，这一过程充斥着痛苦和哀伤；然而即便如此，列尼仍旧响应阅读的召唤，响应那些镌刻着爱与责任的故事的召唤。

列尼使我们想起古罗马时期的奥古斯汀，此人也曾描述过自己的阅读体验。奥古斯汀和列尼一样，心中极度焦虑，几近失神。奥古斯汀在《忏悔录》中这样写道：他当时“满腹辛酸痛哭不止”，就在这时突然“听到从邻近一所屋中传来一个孩子的声音——我分不清是男孩子或女孩子的声音——反复唱道：‘拿着，读吧！拿着，读吧！’”正是这带着语言韵律的人类之声将奥古斯汀召唤到了圣经近前。奥古斯汀听罢，拿起了圣经来读：“我抓到手中，翻开来，默默读着我最先看到的一章。”起初这种行为看似偶然，但下文表明事实正相反。读完这一章，奥古斯汀就感到自己无需再读下去了：“……顿觉有一道恬静的光射到心中，溃散了阴霾笼罩的疑阵。”(Augustine, 159 - 160)在这个玄妙的时刻，奥古斯汀读了书，书也读了他；奥古斯汀的人生就此改变了。

尽管奥古斯汀合上了书，但他并未就此止步，而是做了所有好的阅读者会做的事——重返“现实生活”，与他人分享自己的阅读体验：“……合上书本，满面春风地把一切经过告诉阿利比乌斯。他也把他的感觉——我也不知道——告诉我。”(Augustine, 160)阅读使奥古斯汀不仅亲近了自我，也亲近了好友阿利比乌斯。奥古斯汀被阅读的伦理诉求所召唤，他响应了、阅读了，接着重返“现实生活”，与他人就此进一步交流——这是一种表示关爱的行为。

即便是在现代社会，这样的亲密和关爱亦是无法被数据或信息所取代的，也无法被量化。但若借助语言交换和叙事分享，我们便能轻易感知它们的存在。并且，真正起作用的并非内容，而是这种叙述和分享的行为本身。

奥古斯汀和阿利比乌斯相信这种亲近关系的终局将由上帝裁定，仿佛那时上帝会将他二人召至身前。然而到了今日，我们时常会认为死亡就是万物的终结。就像沃尔特·本杰明说的那样：“死亡是故事讲述者所能叙述的一切的终结，他从死亡那儿借得了权威。”(Benjamin, 94)我们赞赏故事讲述者的勇气，因为他“能让故事轻柔的火焰燃尽自己生命的灯芯”(Benjamin, 108 - 109)。然而就像尤尼斯一样，我们也应当赞许生命经过洗礼的读者，因为他同样十分勇敢，敢于投身于故事当中。

故事讲述者是我们读者在阅读那些伟大的小说时常常会遇到的陌生人。本杰明认为，小说“之所以重要……并非是因为它将他人的命运呈现给我们，而是因为它用火焰灼烧他人的命运，以此来温暖我们，而这种温暖我们是无法从自身的命运当中获取的”。(Benjamin, 101)换句话说，我们所阅读的是一种希望，“期望以死亡为代价来温暖我们战栗的人生”。这种希望鼓励我们前行，使我们能够追寻周遭的因果必然。

死亡终结了故事，但我们在讲述故事的过程当中找到了亲密和关切；讲述的过程是不可消弭的，也无法同死亡完全分割开来。故事召唤着我们，去满足它被倾听的伦理诉求。故事卷挟着危险，它是借由语言发出的邀请，邀请我们向它敞开心扉。正如本杰明指出的那样，我们在现代语言叙事中读到的并非是“真相史诗般的一面”，而是一种“新美学”(Benjamin, 87)——不再试图抓住抽象的真理，而是更多地去关注人的自我。我们如今知道“真相史诗般的一面”是不可能为我们所认识的。

*

有着丰富层次的人类体验借由文学叙事和语言呈现给我们这些读者或听众；很难想象有一日这种人类体验会被电子屏幕上快速闪过的数字图像所凌驾(甚至是复制)。唯有语言叙事才能使我们窥见深层的自我以及他人的内心，之后重返现实生活当中。语言叙事要求我们在世界当中找到自己的位置，同时能够暂时指引我们的方向；它是危险的，但同时也许给我们一个未来。

移动设备十分高效，我们似乎因此时常变做电子网络中的无数节点。我们耽于屏幕上的图像，我们的内在似乎正被掏空，逐渐变得空洞无物。我们将回忆和欲望都交托给了屏幕，仿佛它比我们更加明白我们自身的欲望，我们的线上生活也逐渐影响到了我们的线下生活。网上信息简化了我们，这使得我们忘记了自身不可消弭的复杂性质，遗忘了使我们为人的不可知的命运，遗忘了我们曾经追寻的秘密。我们渐渐地成为了自己的复制品，或是被操纵的阿凡达机器人，又或是一幅电子影像,独独不再是我们自己。语言叙事则有助于扭转这个局面,使我们重回对人性的秘密的求索中来。不如这么想:数字信息只是电子的产物,而语言才是人类的产物。

倘若这听起来有些像是一部象征着屏幕文化的卡通片,充斥着各式各样的图像,那么我们无疑应当承认这种文化掩饰了人的脆弱性,压制了无法被压制的死亡。这种文化弱化了我们认识人类本身的缺陷、不可消弭以及复杂性质的需要;这种文化的动力是数据和信息,它将人类体验的重要意义压缩到了极致——这种人类体验需要人们明白时间的持续性以及人类情感的丰富特质,同时人的生命不得缺失过去和未来,否则将不得完满。就如本杰明所说的那样:“信息一旦过了‘新鲜’的时效便失去了价值和生命,所以它必须在这个时效内分秒必争地完成自己的传递使命。”(Benjamin, 90)倘若本杰明是从机械复制时代中看到了这个问题的发端,那么我们此刻所身处的数字时代无疑已将这个问题演绎到了极致——不受约束的无尽的现在、没有过去、不可持续,还有铺天盖地的数据和信息。

“故事则不同,”本杰明说,“它不会自我膨胀,而是专注于保存自己的能量,并且即便是历经了漫长的时间,也依旧能够释放出自己的能量。”(Benjamin, 90)即便故事不能传达“真相史诗般的一面”,它所能传达的也远比数据、信息来得更多:生命的韵律、爱欲和死欲、情欲与死亡——我们得以一窥那些无法全然掌握却真心求知的秘密——这些正是我们离开“现实生活”、进入书本当中的原因,也是我们合上书本、重回“现实生活”去验证的东西。作为语言生物,我们总是处在与他人的语言联系之中;作为故事的读者,我们总是处在与讲述者的联系之中,就如本杰明所说的那样:“一个听故事的人和说故事的人之间存在着联系;而读故事的人也同样处在这样一种联系之中……”(Benjamin, 100)

*

无论是进入还是离开语言叙事均非易事,这过程复杂而困难,对读者并不友好;它危机四伏、不能简化。我们收集数据和信息是为了简化并解决问题。而语言叙事则不同,它不会提供解答,而是给人类提出新的难题;更重要的是,语言叙事会自我质询。就像我们开篇谈到的《创世记》一样,故事的叙述者将自己的体验述诸语言,但他不能描绘创世过程的起源或是尚未到来的结局——这一点在我们身上同样应验,事实上我们的叙述似乎总是不完整的,我们不仅需要他人的倾听,同时还希望他人能够续写我们的故事。我们通过讲故事对他人产生了需求,对于信息而言是没有意义的。

故事使我们明白贯穿人类世界的究竟为何,以及究竟是什么创造了人类的世界:我们的生命的不完美、脆弱以及人与人之间的共性。瞬息万变的信息和数据则将我们从不完美的人类躯壳中剥离出来,仿佛我们在瞬时之间成为了至高无上的全能神。就像《爱在长生不老时》中的列尼·艾布拉莫夫那样,他可能会喜欢上自己的电子屏幕,因为"它好似知道这世界上一切肮脏的细节",但他的书本都是与众不同、无可替代的,而二者之间的这种差异正是关键所在。深度阅读者列尼还说,他的书本"知道作者的心思"。(Shteyngart, 78)

列尼告诉我们,在这个充斥着电子设备、崇奉屏幕文化的世界中,处于濒危边缘的并不只是故事,还有语言和人类的声音。而他之所以能够明白作者们的思想,不仅仅是因为这些作者通过书本与他对话,更因为他们通过书本表达自我。与此相反,我们可以看看屏幕上的那些图标——比如 Siri①——它们只与我们对话,从不表达自我。人类的声音将语言打造成为故事,承载作者的思想并呈献给读者,这种声音真挚而灵慧,与众不同,使我们知悉死亡之影——这就是媒体大王乔西劝阻列尼摒弃书本的原因:"这些想法,这些书本,就是症结所在,恒河猴。别再思考了,开始你的销售吧。难怪休闲吧里的那些个小年轻要往你的屁股里塞杏仁饼干了……你的存在让他们想到了死亡,想到了我们这个种族从前那幅不同现在的样子……以后,有的是时间思考、写作和表演。现在我们要做的,是去销售,然后活下去。"(Shteyngart, 66-67)然而在列尼看来,推销或是想象都无法让他理解人类自身。我们人类最先是通过语言,才得以认识世界;我们居于其中并心存感激,并不会

① Siri 是苹果公司在其产品 iPhone4S,iPad 3 及以上版本手机上应用的一项语音控制功能,可使其搭载的电子设备变身为一台智能化机器人。

依靠数据、信息假扮神灵来操纵它。

移动设备的发展削弱了人类生活的丰富质感。以乔西为代表的后人类大多相信电子技术能够使人永生,列尼则不这么认为。某日,他穿着一身“潮人老头的打扮”沿着格兰特街走向东河公园,让我们重新领会到了这种丰富的质感:“我还恭喜了来自‘流浪者之家’的未成年妈妈,她的孩子刚拉了便便(‘一只蜜蜂叮了我一口,妈咪!’)听小孩子讲话真是一种享受。漏风的动词,爆破的名词,还有随便乱放的介词,语言不是数据。过不了多久,他们也会像被手机勾去了魂儿的妈妈和下落不明的爸爸一样,沉沦在数字世界里。”(Shteyngart, 53)语言共生着痛苦与快乐,伴生着过剩的欲望,它将我们这些语言生物维系在一起。“现实生活”之所以拥有意义是因为我们试图将自己的体验述诸语言,我们有能力向他人讲述自己的故事,同时我们也能够表述需要被分享的经历。

然而作为语言生物,我们最终是无法弄清人类存在的秘密的,无论是我们的发端抑或是终局,这二者都在我们所能全然理解的范围之外。就如朱迪斯·巴特勒在她的《谈谈自我》中说的那样:“如果要试着谈谈我自己,并且要让人听得明白,那么我会采用叙事的方式。但这个故事因为一些不属于我的经历,或是并非我独自一人的经历,总会使之偏离既定的方向,因此,我在某种程度上会让叙事中的‘我’具有代入感,如此才能让他人明白我的故事。同时,故事当中的‘我’所拥有的叙事权威也并非是绝对的,为了维持故事的独特性,有时应当作出合理的让步。”(Butler, 37)

巴特勒认为掌控故事的是“我”的“叙事权威”,这一点是不太正确的。因为就如本杰明所说,真正驱使故事的并非是“我”而是死亡,是死亡激发了叙述,并带来了“具有全局性和暂时性的一系列标准”(Benjamin, 94)——这将变做给予读者的礼物,激励读者继续前行。经过这种伦理意义上的召唤与回应,我们得以见识到这种“独特性”,而这种“独特性”我们人人皆有,只是形态各异。这便是列尼·艾布拉莫夫那天在格兰特大街上从孩子的语言中所体会到的(Shetynart, 53)。

就像“我”无法拥有“叙事权威”一样,叙述者不可能没有听众,作者也不可能没有读者——巴特勒十分清楚，明白了这一点我们就能接触到人类关系的核心以及语言叙事的伦理层面。"我"既无法掌控权威，亦不会孤军奋战——就如巴特勒所说："我"并非"处于同你之间的联系当中"，而是就指"我同你之间的联系"本身(Butler, 81)。语言叙事将我们塑造成如今的模样。真正将我们掌握于股掌之间的并非是永生的幻象——如乔西对列尼所言："去销售，然后活下去。"——而是语言。在我们死去以前，语言都将作为召唤和回应横亘于我们与他人之间。

巴特勒认为："讲述自己的故事是一种以他人为指向的行为，同时也具有对他人的需求，而这里的'他人'是事先存在的。因此他人本就存在于我的叙事行为之中，然而这并不是一种简单的将信息告知他人的行为；相反，'他人'是由叙述本身预先设定和阐释的，在给予信息以前，他人的在场是不可缺少的。"(Butler, 81－82)然而真正有意义的不是信息或数据，而是语言叙事。因为它能够使我们了解自身与他人之间的差异，我们之所以在意这种差异是因为它使我们成为独一无二的个体。

巴特勒认为我们在描述自我时，会变得"一无所有"，但事实上我们从未拥有过我们自身。从说到听，从读到写，这些都是我们欲要成为(至少是传统意义上的)"人类"就不可回避的伦理诉求。就这一点而言，语言是邀请我们认识自我的请柬。向语言袒露自我是危险的，同时也如生命的旅程一样，是必须的。

*

深度阅读总是伴随着危险，因为当我们阅读语言叙事时，我们不仅仅是在检索信息或是数据，而是进入到一个未知的领域当中——他人(亦是我们自身)的故事将我们引入疑问的漩涡之中。就如巴特勒所说："或许最重要的一点是，我们应当留意到伦理要求我们冒险的时候恰恰就是在那些未知的时刻——当塑造我们的与我们眼前的背道而驰，当我们情愿在与他人的关系中解构自我，并以此获得成为人类的机会。"(Butler, 136)在这样的时候，我们同某种驱使着我们的奇特性联系在了一起，它同时也是一种我们闻所未闻的可能性。作为读者，我们是脆弱的、卑微的，然而同时心中充满了对故事的渴望(如本杰明所言),当书本合上时,我们又将带着新的可能回到“现实世界”当中。

我们带回“现实生活”当中的并非信息或数据——它们“一旦过了‘新鲜’的时效便失去了价值和生命”;我们带回的是语言叙事——它“专注于保存自己的力量,并且即便是历经了漫长的时间,也依旧能够释放出自己的力量”。(Benjamin, 90)信息在转瞬之间消耗自身,语言叙事则在我们内部茁壮成长——造成这种差异的正是语言,语言通过某种深藏在我们的自我和世界深处的过程,激发我们的回忆和欲望。

列尼·艾布拉莫夫明白这一点,并带着极度哀恸的情感将它写进了最后一篇日记当中。那是在十月中旬,“一阵秋风吹过”,列尼走在格兰特大街上。列尼注意到一位年迈而带着疲容的犹太妇女,她正望着“呼啸而过”的风,只说了一句:大风起兮。使列尼动容的不是女人的形象,亦不是风,而只是这一句——“只一句,不过是说‘这段时间多刮大风’”。然而这一句使列尼瞬间愣在那里,使他想起“以前我们是如何使用语言的……能引起无限遐想”(Shteyngart, 304 - 305)。

在这个被电子设备攻占的时代,如此与语言有关的体验即便对于列尼来说也是异常珍贵的。这次特别的经历使得列尼深入自我(仿佛他正在进行“深度阅读”),接着他重回眼前的格兰特大街——它带来了一次真诚的人与人之间的交流,列尼在日记中写道:“不说冷,也不说刺骨,而是说大风起兮。一百个大风起兮的日子浮现在眼前:年轻的母亲穿着一件人造皮大衣,站在我们的雪佛兰前,她的手捂住我的耳朵……母亲关切的气息呼在我脸上,刺骨的寒风叫人直打激灵,被保护的感觉又让我觉得融融暖意,心里充满了被爱的感觉。”(Shteyngart, 305)列尼在格兰特大街上听到的这句“大风起兮”将他带回过往,使他感受到自己的脆弱和他人的关爱,这一刻离死亡很远。列尼重回现实,将这份感情带了回来,这些历经时间洗礼的情感此刻越发深厚:“‘的确是大风起兮,夫人,’我对老妇人说,‘我的骨头感觉到了。’她冲我笑了,脸上的皱纹舒展得像朵菊花一样。我们在用语言交流。”(Shteyngart, 308)在列尼看来,这是一种表示关爱的行为,将希望照进未来。

屏幕文化的势力越发强大,它崇尚速度、力量和公众曝光度,伴生着数据、信息和技术理性——它使人分散注意力,且致人上瘾。语言叙事则与之相反，它推崇的是一种缓慢的思考节奏，希望人们进行自我反思，保持自我的复杂性。

令我们感到迷惑的是，那些敏感而细致的批评家们会得出何种结论。例如，安德鲁·派珀会如何比较浏览脸谱网和阅读之间的伦理差异？派珀认为“读书……使我们能够懂得一些我们无法全然了解之事”，但他接着又说：“社交网站是复杂的，而书本同样能够教人保持心理上的距离，在这一点上二者是相似的，且意味着我永远无法完全了解你。”(Piper, 43)倘若派珀是想表明我们无法完全认识另一个人，那么我们很难能够反驳这一点(本书持有相似的观点)。但要说“在这一点上二者(社交网站和书本)是相似的”，似乎有失偏颇。

在我们读书时，“我”和“你”的联系是根植(或凭空地根植)于语言(语言无意识)当中的；电子屏幕则相反，当我们使用它们时，这种联系是根植于图像(视觉无意识)当中的。读书时，我们因语言而内省，借助叙事丰富的质感发掘不同，这种无法消弭的复杂关系驱使我们前进。而当我们面对着电子屏幕，看着上面的内容(例如脸谱网)，注意力被全然吸引，信息消耗着我们，我们被固定其间难以脱身。

派珀认为，“书的封皮之下一无所有，有的只是不宁的虚空；电子屏幕之下则掩藏着图像，以及一种新的视觉无意识”(Piper, 38)。派珀所说的“一无所有只是”听起来像是“只有”，听起来似乎是在表明电子屏幕较之书本能够提供某些更为宝贵的东西。但在我们看来，与此相反的观点才更加接近真相。穿透“书的封皮”，我们可能会达到派珀所谓的“不宁的虚空”(或许是康拉德的“可怕”、拉康的“真实”或是“深渊”“死亡”，又或是奥古斯汀的上帝)的边缘。然而不论这“不宁的虚空”为何，我们都无法认识它的全貌，它仿佛是某种难以轻易解脱的重量。当我们阅读时，我们仍旧能够通过书中的语言感知它的存在。莫里斯·布朗肖曾说，阅读是“一种同‘死亡’欢乐而野性的共舞”(Blanchot, 98)。它如此“轻灵”，但从不乏“重量”。

电子屏幕之下则正相反，我们所能够找到的是“图像”(或是“算法”“数字”)，以及构成视觉无意识的字节。我们似乎在目睹自己的同时丧失了认识他人的可能。我们通过电子屏幕所追寻的不是生命之谜，而是一时的刺激,我们自身的“厚度”也在不断被削减。

在书本文化中,真实的人类欲望与爱和责任紧密相连,我们渴望对他人负责,渴望得到他人之爱。若生命的底端铺垫的是死欲,那么爱欲则与它存在着辩证关系(至少在我们活着时是这样)。文学叙事邀请读者体会由这种辩证关系所创造出的空间,理解其所指,并由此收获爱与责任,看清自己的脆弱和死亡的必然。或许电子屏幕之上川流的图片同样能够使我们获得相似的体验,但这种可能性着实微乎其微。电子屏幕提供的空间和时间十分有限,不足以令人们进行自我反思。派珀认为,在网络上,人们的距离太过接近,以至于丧失了时间感。即便我们能够借助屏幕进入到故事世界当中(通常是在玩视频游戏时),我们也丧失了对爱与死亡的渴望,转而关注起荣辱成败,被市场经济的节奏带乱了脚步。在游戏世界中,我们通过击杀对手获得点数,操纵代表我们的图标进行竞速,通过摧毁挡在路上的物件获得奖励——在这种境况下,我们无法与自己所操纵之物产生共鸣,无法了解他人的无可消弭的本质,我们所感受到的唯有暴力和暂时的满足感。

*

超文本为我们提供了某种便利,似乎我们由此不再受书本文化的线性结构的拘束,然而我们应当对这种所谓的自由产生质疑。对于屏幕文化无限制的流动性的称颂似乎同样背离了我们的目标。语言叙事需要读者与语言进行互动,由此才能创造出一个故事;它并不是简单的线性结构,而是一个不断回环的过程,是一个不断稳固和动摇、揭露和隐藏的过程;它在读者的帮助下另辟蹊径,并为读者带去丰富的体验。读者阅读时便离开了“现实生活”,进入故事当中,待阅读完毕再回归到“现实生活”之中。

倘若有人认为读者是被书本文化所荼毒的,并且被拘束于作者构建的线性结构之中,那么他无疑混淆了阅读体验的深浅层面。超文本使用者能够自行选择“故事的结局”,成为作者,这确乎是一种自由;然而这种自由更倾向于过程上的读写能力,而非言语上的读写能力,且削弱了语言本身的多义性和深度。格雷戈里·乔斯丹尼士认为:“人们似乎易于倾向这一点——印刷品迫使读者依照从左到右、从开头到结尾的顺序进行阅读，似乎是限制了读者的自由。这种顺序意味着印刷文本是固定不变的个体，使人联想到 20 世纪 70 年代和 80 年代的理论家们所定义的‘封闭式文本’。”(Jusdanis, 108)这种想法在数字时代当中是十分典型的。超文本是可流动的，看起来我们几乎无法二度经历同一文本。事实上我们不禁会想，超文本是否远不止是信息，或是顷刻间消耗自身的消息那般简单。它是一个永不停息的运动的过程，我们最好将其视做一种幻象。

文学叙事能够改变我们的生活，因为它既具有深度，也足够持久。文学叙事不同于信息，它能够被重复体验，且每一次都能够给人以新的惊喜。文学叙事在揭露的同时亦在隐藏，在敞开的同时亦在封闭。当我们读完一本书便会获得满足感，同时它也在我们的自我深处生根发芽——这是文学叙事的分量及价值的一部分来源。即便我们反复地阅读同一本书，每一次阅读都会是“与众不同的体验”，就像布朗肖说的那样：“每一次阅读都是崭新而独一无二的。”(Blanchot, 91)这并非是因为文本是流动且永恒变幻着的，相反，是因为它是受限且长久不变的。我们在阅读的同时会感到宽慰，获得家的温暖，但同时也会面对风险和危机：它将揭示我们的独特之处。这种独特之处并非如硅谷创造的“虚拟现实天堂”那般，是一处由速度和力量构建的完美之境；相反，它关乎我们彼此相异的个体，关乎我们希望了解、却无法全然了解的不完美的自我——它引导我们开始生命的旅程。它希望我们持续阅读，直至终结。并且，即便到了终结之时，文学叙事仍旧至关重要，因为帮助我们了解周遭之事的独特意义，以及我们与他人建立起的联系的偶然性。作为语言生物，我们若想拥有深刻的生命体验，便离不开语言叙事。

参考文献

Augustine, Saint, *Confessions*, edited by Michael P. Foley, translated by F.J.Sheed, Indianapolis, IN, Hackett Publishing Company, 2006.

Benjamin, Walter, *Illuminations*, edited by Hannah Arendt, translated by Harry Zohn, New York, Shocken Books, 1969.

Birkerts, Sven, *The Gutenberg Elegies: The Fate of Reading in an Electronic Age*, New York, Ballantine Books, 1994.

Blanchot, Maurice, *The Station Hill Blanchot Reader: Fiction & Literary Essays*, edited by George Quasha, translated by Lydia Davis, Paul Auster, and Robert Lamberton, Barrytown, NY, Station Hill Press, 1999.

Bloom, Harold and David Rosenberg, *The Book of J*, New York, Vintage Books, 1990.

Boman, Thorleif, *Hebrew Thought Compared with Greek*, translated by Jules L.Moreau, New York, W.W.Norton & Company, 1970.

Brooks, Peter, *Body Work: Objects of Desire in Modern Literature*, Cambridge, MA, Harvard University Press, 1993.

—, *Reading for the Plot: Design and Intention in Narrative*, Cambridge, MA, Harvard University Press, 1984.

Burke, Michael, *Literary Reading: Cognition and Emotion: An Exploration of the Oceanic Mind*, London, Routledge, 2012.

Butler, Judith, *Giving an Account of Oneself*, New York, Fordham

University Press, 2005.

Carr, Nicholas, *The Shallows: What the Internet is Doing to Our Brains*, New York, W.W. Norton & Company, 2010.

Cavell, Stanley, *The Senses of Walden: An Expanded Edition*, Chicago, University of Chicago Press, 1992.

Conrad, Joseph, *Heart of Darkness*, edited by Paul B. Armstrong, New York, W.W.Norton & Company, 2006.

Foucault, Michel, *The Birth of the Clinic: An Archaeology of Medical Perception*, New York, Vintage Books, 1994.

French, Warren G., *J.D. Salinger, revisited*, Woodbridge, CT, Twayne Publishers, 1988.

Gadamer, Hans-Georg, *Truth and Method*, London, Sheed and Ward, 1975.

Heidegger, Martin, *Poetry, Language, Thought*, translated by Albert Hofstader, New York, Harper Perennial Modern Classics, 2013.

Jusdanis, Gregory, *Fiction Agonistes: In Defense of Literature*, Stanford, CA, Stanford University Press, 2010.

Kass, Leon R., *The Beginning of Wisdom: Reading Genesis*, Chicago, IL, University of Chicago Press, 2003.

Lacan, Jacques, *The Language of the Self: The Function of Language in Psychoanalysis*, translated by Anthony Wilden, New York, Dell Publishing, 1975.

Lanier, Jaron, *You Are Not a Gadget*, New York, Alfred. A. Knopf, 2010.

Lawtoo, Nidesh (ed.), *Conrad's Heart of Darkness and Contemporary Thought: Revisiting the Horror with Lacoue-Labarthe*, London and New York, Bloomsbury Publishing, 2012.

Levinas, Emmanuel, *Totality and Infinity: An Essay on Exteriority*, Pittsburg, PA, Duquense University Press, 1969.

MacIntyre, Alasdair, *After Virtue*: *A Study in Moral Theory*, Notre Dame, IN, University of Notre Dame Press, 1981.

Miles, Jack, *God*: *A Biography*, New York, Vintage Books, 1996.

Newton, Adam Zachary, *Narrative Ethics*, Cambridge, MA, Harvard University Press, 1997.

Pagels, Elaine, *Adam*, *Eve and the Serpent*: *Sex and Politics in Early Christianity*, New York, Vintage Books, 1988.

Piper, Andrew, *Book Was There*: *Reading in Electronic Times*, Chicago and London, University of Chicago Press, 2012.

Prensky, Marc, "Digital Natives, Digital Immigrants Part 1," *On the Horizon*, Vol.9, No.5, 1-6, 2001.

Roehmer, Michael, *Telling Stories*: *Postmodernism and the Invalidation of Traditional Narrative*, Lanham, MD, Rowman & Littlefiled Publishers, 1995.

Salinger, 1957 letter quoted at http://dangerousminds. net/comments/salinger_on_why_catcher_will_never_be_a_movie.

Shelley, Mary, *Frankenstein*, edited by J.Paul Hunter, New York, W.W.Norton & Company, 2011.

Steiner, Wendy, *The Colors of Rhetoric*: *Problems in the Relation between Modern Literature and Painting*, Chicago and London, University of Chicago Press, 1982.

Stoltzfus, Ben, "*The Old Man and the Sea*: A Lacanian Reading," in *Hemingway*: *Essays of Reassessment*, edited by Frank Scafella, New York, Oxford University Press, 1991.

Virilio, Paul, *The University of Disaster*, translated by Julie Rose, Cambridge, UK, Polity Press, 2010.

Vizenor, Gerald (ed.), *Survivance*: *Narratives of Native Presence*, Lincoln and London, University of Nebraska Press, 2008.

Waxler, Robert P. and Maureen P. Hall, *Transforming Literacy*: *Changing lives through Reading and Writing*, United Kingdom,

Emerald Group Publishing Limited, 2011.

Weinstein, Arnold, *Recovering Your Story: Proust, Joyce, Woolf, Faulkner, Morrison*, New York, Random House, 2006.

Wolf, Maryanne, *Proust and the Squid: The Story and Science of the Reading Brain*, New York, HarperCollins Publishers, 2008.

Wood, Michael, "A World without Literature?" *Daedalus*, Winter 2009.

Barnes, Julian, *The Sense of an Ending*, New York, Alfred A. Knopf, 2011.

Carroll, Lewis, *Alice's Adventures in Wonderland*, New York, Dover Publications, 1993.

Conrad, Joseph, *Heart of Darkness*, Mineola, NY, Dover Publications, 2009.

Hemingway, Ernest, *The Old Man and the Sea*, New York, Simon & Schuster, 1995.

Kesey, Ken, *One Flew over the Cuckoo's Nest*, edited by John Clark Pratt, New York, Penguin Books, 1996.

Palahniuk, Chuck, *Fight Club*, New York, Henry Holt and Company, 1996.

Salinger, Jerome David, *The Catcher in the Rye*, Boston, MA, Little, Brown and Company, 1991.

Shelley, Mary, *Frankenstein*, New York, New American Library, 1965.

Shteyngart, Gary, *Super Sad True Love Story*, New York, Random House, 2010. *The Holy Bible, New International Version, NIV*, 1973, 1978, 1984, 2011 by Biblica at www.BibleGateway.

译后记

回想来，翻译《阅读危机》就是一个跟随作者罗伯特·韦克斯勒在深度阅读中挖掘真我的过程。

现如今，数字时代轮番登场的高科技将各种限制一一打破，互联网带来了大量便捷信息，仿佛动一动手指，世界就尽在掌握。然而，从各色屏幕中认识的这个“世界”当真是我们所处的世界吗？恐怕事实并非如此。高科技所打造的“世界”在时间感和空间感上都是不完满的，缺乏层次，是简单化、扁平化和碎片化的，犹如“看图识字”。人们时常快餐式地浏览文学作品，日渐耽于物质视觉享乐，由此产生的后果便是思想贫瘠，不仅难以深入地认识自我，更难以把握自身与世界的联系。

韦克斯勒创作的目的并不是抵制数字时代，而在乎引导人们重拾对文学叙事的兴趣，丰富人们的精神生活。他将故事娓娓道来，引导读者深度阅读，揣摩原著作家的立意，促使读者真正走进作家精心打造的九个语言世界中，深入探究原著思想妙趣之所在。他希望借助这一阅读形式将读者的思想嫁接入原著中，二次创作，避免机械式阅读，帮助读者认识深层次的真我。韦克斯勒认为，尽管深度阅读劳心费神，但读者对爱与责任的真切渴求唯有借助深度阅读才能得到实现。

译者此前就曾拜读过本书中甄选的大部分作品，在翻译过程中译者得以进一步提升过去所获得的阅读感受，也更能体味语言架构出的那些光怪陆离的抽象世界。这个时代是繁华的也是喧嚷的，译者希望这安静的一隅能为读者们带来沉淀自我的空间，由此享受深刻的生命之旅。

书　　名　阅读危机　在文学中认识自我和世界
原 书 名　The Risk Of Reading　How Literature Helps Us to Understand Ourselves and the World
作　　者　[美]罗伯特·P. 韦克斯勒
译　　者　李睿智　吴文智
责任编辑　孙兴春　韩宇新
出版发行　凤凰出版传媒股份有限公司
　　　　　江苏凤凰教育出版社(南京市湖南路1号A楼　邮编210009)
苏教网址　http://www.1088.com.cn
照　　排　南京凯建图文制作有限公司
印　　刷　金坛市新远印刷有限公司
厂　　址　金坛市龙山路47号(邮编213200)
电　　话　0519-82823027
开　　本　787毫米×1092毫米　1/16
印　　张　12.5
版　　次　2016年1月第1版　2016年1月第1次印刷
书　　号　ISBN 978-7-5499-5611-1
总 定 价　24.00元
网店地址　http://jsfhjycbs.tmall.com
新浪微博　http://e.weibo.com/jsfhjy
邮购电话　025-85406265,85400774 短信 02585420909
盗版举报　025-83658579